三民叢刊125

尋覓畫家步履

陳其茂著

三民書局印行

石器時代心靈

無名氏

在多元化的現代大都會空間——那些花花綠綠氣氛中，比如說，在來來飯店或京華飯店的舞廳中，假如忽然出現一個石器時代的太古原人，不用說，人們免不了驚訝萬分。

十一年前一次集體旅遊，冬夜，在惠蓀林場為招待總統休閒小憩而建的梨園山莊，那以名貴扁柏檜木築成的雅緻客廳裡，襯托夢魅的燈光，我突然發現一個洋溢太古氣息的生命，他有點像石器時代的人，似剛從附近有五十萬年歷史的大森林中走出來，我倒並不驚訝，內心反而感到祕密欣喜。因為，五光十色的臺灣都市，多的是形形色色的人群，我卻尚未遇見過一個生命，像我眼前這條生命如此純潔、淳樸、誠厚，彷彿令我呼吸到數萬年前的遠古氣息。若容許我嬉謔的話，我真懷疑：他是否五十萬年前爪哇人轉世投胎的？（一笑）

這個充滿太古氣息的生命，就是陳其茂先生。

以後每次和他聚晤，我總有點返回唐堯虞舜時代的感覺。

也只有像我這樣，經歷接近四十年的超級沉痛遭遇的人，才分外渴望石器時代的純潔、淳樸、誠厚，雖然這種渴念不一定全合文化邏輯。

法國蒲風那句話，永遠是真理：「風格即人。」

陳其茂挾持他那獨特的遠古原始心靈的深度，以唐僧取經的磐石意志，艱苦的開拓了臺灣現代版畫藝術。

創造者終於是勝利者。

現在，藝術界幾乎承認：他不只是臺灣現代版畫藝術的拓荒者，也是成就突出的版畫大師。

臺灣光復後，現代版畫藝術形同荒原。他孤獨拓荒了二十年，直至七十年代，寶島此後才開始興旺，真正受人們重視。近些年，由於他在大學傳授版畫，這門藝術才出現年輕的傳人。他數十年的藝術苦功，在他結集的三本畫冊中，特別是第三冊中，表現得淋漓盡致。他的畫面線條的揮灑及緊密度、沉穩度，結構的經營，刀法的精熟，色彩的調協、取捨，與效果的傳達，特別是意境的創造及內核的涵蘊，俱達爐火純青。他的成就，不只在臺灣，即放之中華民國兩岸版畫史上，八十年來也是極卓越的。

他性格中的特殊純潔、淳樸、誠厚，蛻化為畫面上感人的古拙、樸素，宗教情調的森嚴，生命元氣的淋漓，以及新鮮詩境的幽邃。他所以能如此深刻的傳達宇宙、自然、生命的祕密訊息，並透顯其種種生態，甚至心態，主要是因為他真正有一顆赤子之心。而這顆心靈與他的邃古氣質不無絲縷關係。

他的作品已獲英、德、日及南美一些國家很高評價。隨便舉一例，英國藝評家德瑞克・司蒂爾斯就稱讚他：「融合了詩的意境，……作品特質誠摯樸實，有親切感。」兩年前，他赴南美秘魯、宏都拉斯等四國開畫展，幾乎待如國賓，自總統至部長以及各藝文人士們，全蒞臨參觀，眾口交讚。

上面簡介了陳其茂先生的藝術成就，現在再說說他這本遊記：「尋覓畫家步履」。區區淺見，此冊遊記至少有下列四種特色。

其一。坊間雖不乏歐洲遊記，唯上焉者只算是瑰美的散文結集，下焉者則等同歐洲導遊手冊。因為，歐洲藝術表現了歐洲文化的靈魂境界；一般歐遊書籍多由文人撰寫，極少出之大畫家手筆，他們長於記敘山川景物，風土人情，不易窺透歐洲藝術堂奧，更不用說捕捉其核心祕密於紙上了。拿著名的已故散文家朱自清說，他的「倫敦雜記」誠屬好散文，但他敘述博物館、美術館時，就捉襟見肘，評析膚淺了。歐洲遊記若不能探索歐洲許多美術館的精髓，等於遺棄歐洲文化寶藏，缺失自見。陳其茂此書最大特色，在於能洞透英法義德荷挪西等國一些名畫及名畫家的美術奧祕，出以簡潔而深刻的剖析、詮釋，不僅有助讀者一窺歐洲文化國寶的內涵，更可供美術系學生及美術工作者暨美術愛好者作參考讀物。

其二。此書所涉若干歐洲美術館，異常突出，內容尤顯新穎、豐富。如〈建築怪異的斯圖加特國家美術館〉及〈碼頭倉庫改建的美術館〉等篇，題材獨特，就從未有國人介紹過。像〈神祕的約克〉中的〈遊地獄〉、〈地層下的天堂〉、〈布瑞爾老頭的收藏〉、〈瑪麗・史密斯的世界〉、〈歷史如能倒流，真好！〉等篇，可謂寫人所未曾寫，既鮮活，又動人。

其三。此書與一般遊記大不同之一是：處處流露作者天性純樸、本真、誠厚，洋溢深邃人情味。你會覺得，作者有一顆可愛的赤子精魂，行事行文，令人如咀橄欖，餘味不盡。有時，他的文字質樸得幾近筆拙，但拙文卻沉重、大方，亦即清末大詞人況蕙風所推崇的「重、拙、大」，其反面則為「輕、巧、小」。

其四。中外名畫家甚少寫遊記，散文，尤鮮評介歐洲名畫、名畫家藝術窔奧境。因此，陳其茂此集便顯得彌足珍貴。從這些文字中，不只可管窺他的一些獨到的藝術論點、觀念，亦可進一步瞭解他的藝術創作走向，內涵，以及他突出的美術心靈。

關於這本遊記的特色，不材已喋喋不少了，還有一些優點，不妨留待讀者們去發掘，以便享受「開卷有益」的樂趣。

（八十四年十一月二十九日）

自序

這是我第六本散文集之出版。繼《卡卜里島的太陽》、《波瓦地葉過客》，而《尋覓畫家步履》是第三冊遊記。因為內子貞婉是研究英國文學的，必須常去歐洲，我們就一起去，尋訪文學與藝術有關的資料。

喜愛文學與藝術，我與貞婉一樣，追求目標一致。現在交通發達，千里萬里，早晨出發晚間抵達。出國旅遊十分方便，由旅遊而增加知識，正如艾斯伯說：「我如同一切偉大的旅行者一樣，我看的比記憶的多，我記憶的比我看的更多。」這話並不矛盾，由看而記憶，思想而想像，而創作，比看的就更多了。

旅遊確有許多樂趣，有時遇到些意外的收穫。記得我們在義大利佛羅倫斯一家餐館，前座一位小姐的背影很美，頭髮梳成一小辮子，白底綠花的露背裝，大圓圈綠色耳環。我翻開速寫本，隨便地畫畫，一位義大利婦人尼瑞娜，把那女孩叫過來，她的女兒伊莉莎白，研讀美術史，介紹認識後暢談，她是在前天我們同車去那波里參觀國家石雕博物館的。第二天在羅馬，她告訴我們許多我們找不到的地方，如雪萊與濟慈的墳墓不在天主教大公墓而是在基督教小墓園。那個小教堂有某大師的畫，那個教堂有某大師的雕塑。

一九八八年我們在往德國的火車上，遇到德國藝評家岳詩珀，她是去荷蘭美術館演講回來，以後，我給她許多作品幻燈片，請她指教，她為我寫了一篇數千字的評文，刊在《臺灣美術月刊》三卷二期。

西班牙文豪塞萬提斯說：「旅遊各地，與不同人交談，使人們成為更智者。」我們尋訪已故大師的步履，走遍不少地方，讓見識廣遠些，也讓想像力能豐富些。

八十四年十二月十二日於海德堡別墅

尋覓畫家步履　目次

輯二：英倫掠影

輯三：美國散記

輯四：亞澳行腳

輯一：歐陸遊蹤

去羅馬

想到要去義大利，我就高興起來。羅馬的大教堂，滿處是雕塑作品，比薩斜塔、威尼斯水城、翡冷翠藝術寶庫、卡卜里島的風光、龐貝廢墟，我將重遊，怎能叫我不高興呢！達文西、彌開朗基羅、拉飛爾、但丁諸大家，我要再度拜訪你們的故居，欣賞你們的作品，可讓我這個假期有極充實、極豐富的收穫。

每次歐行，第一站必是羅馬。先在羅馬住下，然後再往北往南各走一趟，時間總是兩星期。在羅馬，我除了王德祿神父外，沒有其他朋友。上次我與貞婉到羅馬，天色已黑，我們住進索連多飯店，第二天上午，在櫃臺借掛個電話到聖母大堂找王神父，他是這古老大教堂的中國籍神父兼副本堂，電話掛到聖母大堂，值日神父說，王神父去英國度假，八月底才能回來。我們找不到王神父，感到失望，櫃臺內的老闆走出來，向我們打招呼。

「你們從中國來的，王神父是我的朋友，他不在。你們有什麼需要我幫忙的，我極願意。」

體型發胖的老闆說。

「我們來自臺灣，王神父是我們唯一的熟人。他不在，老闆若願意幫我們，非常感謝。我們在義大利有兩星期時間，其中我們要北上去翡冷翠，南下去卡卜里島，我們不在羅馬的時候，行李寄存貴店，回來時再給一間房間。」貞婉告訴他，我們在義大利的日程。

「可以，要去北往南，我吩咐市區旅遊公司來這裡帶你們。行李存放這裡，回來時，我給你們安排房間，一切都沒有問題。」胖老闆給我一份羅馬市區圖及旅遊公司每天往各地開車時間表。

因為我們是王神父的朋友，老闆為我們安排活動日程，只有一項覲見教宗，我們不同意。我們在義大利純是參觀博物館、美術館、大教堂及一些名勝古蹟，不需要去拜見大人物。

至於在聖母大堂認識王神父，是我第一次參加于斌主教的朝聖團到羅馬。那時候，我國駐教廷大使的歡迎酒會在這大堂的小廳堂舉行。這座古老的大堂，內部相當寬闊，除了大堂外，尚有許多小堂，那暗暗的穿廊，有些破殘的大理石雕像，會使人害怕。

聖母大堂距離索連多飯店不遠，我曾與貞婉到那裡望彌撒過。

貞婉也曾自己來過羅馬，比我第一次去羅馬要早，所以她告訴我，到羅馬時，晚上可要去看萬泉公園。那是森林中用彩色燈光與噴水的變幻，像我這樣喜歡尋找恐怖的人，更是非去不可。

說在羅馬沒有朋友，上次與貞婉去翡冷翠卻遇上兩個義大利人，母女都住美國紐約，母親尼瑞娜，在大學教西班牙文學。女兒依莉莎白在大學主修美術史，所以每年暑假期間，帶女兒回義大利來，參觀一些名家作品。今年暑假，大家約好了在羅馬見面。

貞婉不知從那兒得來一封義大利女孩的信，要來臺灣數月，研習中華文化，擬在臺灣找一家庭能供與吃住，願以教義大利語為條件。貞婉對學習語言極有興趣，知道我喜歡去羅馬，所以她寫信邀這位女孩來臺灣。女孩名叫伊莎貝，大學畢業，家住米蘭。她已知道我們要去義大利，立即來信邀請我們去米蘭她家小住數日，她願作導遊。

米蘭是義大利最大的工業大城，我曾經去過，主要的是看聞名世界的哥德式米蘭主教座堂。那時候，我還特地去諸寵聖母修院觀看達文西名作「最後的晚餐」壁畫。

蕭勤住米蘭，沒有時間去找他。五月間在惠蓀林場遇畫家陳建良，他說七月去米蘭找蕭勤，要在米蘭開一次畫展，我們約好在蕭勤處見面。

這一次去義大利，主要的仍是欣賞一些藝術作品，擬在北部比薩、威尼斯、翡冷翠等地作短時逗留。尋訪一些藝術的、文學的，不只是看些古代的，也看些現代的。

此次歐行，心情比較輕鬆，貞婉卸下系主任職務，我不必趕途開畫展。

我極懷念上次參觀威尼斯水晶玻璃展，一進門，我看上了一座人體雕像，底座有二寸厚、長一尺二寸、寬一尺六寸，上面伏著一少女。型態極美，雕工細緻。我正奇怪著，水晶玻璃可以作雕刻作品，作者在作品上刻了名字，少女身體上部分磨光，部分模糊，表現出作品的實質感。我對這作品非常喜愛，但是找不出標價。

貞婉已經繞了會場一周了，她想找一座唐吉訶德騎馬像，沒有找到，回頭看我仍然沉醉在這座人體雕像上。

「雕像實在美麗。」貞婉讚美其雕工技巧。

「好討厭，為什麼不標價，其他的吊燈及酒壺酒杯卻標了價。」我說。

主持人走近我們。

「日本人？」他以為黃皮膚的都是日本人。

「不，中華民國臺灣。」貞婉說。

「臺灣。」他高興起來，「請到客室內坐。」他恭敬地把我們請入展覽會場中的小會客室坐下。

另一位職員端來兩杯果汁。看來，臺灣旅客購買力受到歡迎。

「業商？」主持人問我。

「畫家。」我答。

「可敬的藝術家。」他回頭叫那送果汁的職員把那座人體雕像搬到客室桌上。「這是一位六十歲的藝術家手雕，極美。」

「多少錢？」貞婉問。

「既然是藝術家要，我算特別優待價。」主持人從里拉折算美金，用計算機算過兩三次。

「這樣吧，一千美元，如何？最低價格，不買會後悔的。」

一千美金才四萬臺幣，不算貴。

「就一千美元吧，可是寄費及保險費由你們負擔。」我說，貞婉幫我翻譯一遍。

「不行，得加五十美元。」主持人說。

我沒作決定，讓我考慮的是，在第一站就把帶來的錢用掉許多，我們還要走好幾個國家，萬一錢不夠怎麼辦？最後，我想他會賣的，結果，主持人以為我會買的。

彼此不讓步，我們走出會場，後悔沒有買下來。如果那座人體雕像還在的話，這一次決定買回來。

我想，我會再度去探訪許願泉。初次往訪時，劉神父為我拍照的趣事，送我紅鈕扣的義大利紅衣女郎，只有在幻燈片中才能見到她。

當太陽西下，能夠在羅馬街頭散步，順便去小教堂看貝利尼的不朽雕刻作品「聖德勒撤之狂喜」，是多麼的喜悅。

要是能看到尼瑞娜母女多好，依莉莎白該長高或長胖了些，她的美術史唸得如何，是否更深一層的研究。

回憶一大串往事，恨不得假期快到。我將要去羅馬，我說：「羅馬我愛。」

七十八年一月二十日臺灣副刊

我愛巴黎

貓與窗

巴黎，我們有個住的地方。那是很熟而很要好的朋友的家，每次到巴黎，總是下榻這裡。

住巴黎二十餘年的王家煜與羅鍾皖是貞婉臺大同學，他們畢業後就到巴黎留學，以後結婚，一直留在巴黎工作。二十餘年來，只搬過一次家，以往租的房子是五樓，有了小孩之後，房子嫌小了，另覓現在的地方，是一家古式房子，轉角間一樓，安全又方便。除了客廳、工作室及餐室之外，尚有三間房子，一間地下室，廚房浴室齊備。

給我印象最深的，工作室的窗，打開窗即可看到這條街，小石塊馬路與整齊的一列房屋。窗有雙重門，窗門一關，外面的汽車聲都聽不到。

早上，王家人都很遲起床，我卻在七時許與王家煜去孟舒莉公園晨跑，八時半回來，打開窗望出去，小街仍是很謐靜。貓跳上窗，在窗口坐著。貓，一隻可愛的貓。

王家飼養小動物，原是給孩子們玩的，培養他們對動物的愛心。前幾年，他們細心地養一對天竺鼠，小孩們按時餵食，按時拿到戶外曬太陽。暑假去南部度假時，把天竺鼠寄養在動物賣店。

今年，我們來了，不見他心愛的「郭松蛋」(天竺鼠)，而是一隻貓，這隻貓的確可愛，整天安詳地坐在窗口上，眼視街上，好像是一隻守護家的狗。有時，會有路人逗著牠，牠毫不動心地。晚上窗關了，貓就坐在壁爐邊萬年青下的圓凳子上，久久不動，像是一座雕塑品。貓很乖，除了吃固定的糧食之外，不會亂吃廚房的東西，燒好的魚，牠都不會去動的，牠只會記那隻牠專用的盤子，盤子內的才是牠的。

王家二小姐特別寵牠，在功課做完畢之後，抱著貓玩。二小姐說：「貓除了在她懷抱之外，晚上在工作室的圓凳上，中午睡在客廳沙發上，其他時間都是坐在窗口上。」

我喜歡坐在工作室向窗外望，欣賞著貓的優美姿態。

去西班牙十天，我們又回到巴黎，王家一家人去美國，家交給徐中力看管，中力在巴黎留學，假期沒有事，幫朋友看家，在這裡他可以多看些書。

王家的菜是出名的，許多人都讚美過。徐中力也會燒幾樣菜，說是在王家學的。在歐洲，我們難得嚐到這麼好的中國菜。

當我們重回巴黎那天晚上，徐中力做了四盤菜，買了一瓶紅酒，三個人大吃大喝一頓。到了十時許，發現貓不見了。有時貓也會從窗口跳出去，一會兒就回來。三小時過去，不見貓的影子，中力心慌了，半夜出去四處尋找，沒有尋獲，徐中力整夜沒有睡好。

第二天清早，林兄與廖小姐開車來邀我們去訪莫內故居。出門時沒有看到貓，心中不免牽掛著牠。到了晚上我們回來。

「貓是否回來?」

「下午四時多，從窗口跳進來。看牠非常疲乏，一身髒亂，像是經過一場奮鬥才脫險的樣子。我問牠，牠又不講。」

「回來就放心了。」

「大概是被抓去關起來。」徐中力話停了片刻，「貓要是掉了，對王家不好交代。看家，連貓都看丟了，那還像話。」

我去看看貓，牠睡在沙發上，十分疲憊。我摸摸牠的頭，牠眼睛一張，繼續睡了。

以後，晚上七時，窗門一關，不給牠有外出的機會，免得又被人抓走。牠實在很美，又很乖，許多人會喜歡牠的。

早上，我們出去時間比較早，徐中力是遲睡遲起，總得九時以後才會起床。我一出房門，貓就跟著我背後，咪咪地叫了兩聲，這是我第一次聽到牠叫。我想，牠一定是餓了，要些東西吃，我抓一把牠的糧食放在牠用的盤子，然後倒點牛奶，看著牠吃。

我們要出門時，看牠坐在那圓凳子上，洗刷牠昨天沒有洗完的毛。

塞納河畔

拿破崙有句名言：「愚人有遠勝聰明人的好處，他經常能自感滿足。」當我初次到巴黎時，眼光所接觸到的，美，太美了！

王家煜說，要看出巴黎之美，至少要在巴黎呆上一年。也許，我是個愚蠢的人，鄉下人進城，樣樣都新奇。那香舍麗榭大道、愛菲爾鐵塔、羅浮宮博物館、聖母院，太多太多給我的美感。

「不錯，這些只是巴黎的表面，巴黎之美是實質。不是巴黎住上一年以上，不容易談巴黎的。」家煜說。

如今，我第六度到巴黎，每次都住上一些時候，算算也將是一年了。思想改變了許多，去巴黎原是薰陶些西方藝術的氣息。王家煜要我上蒙馬特，不是看那一大夥畫家之群像，而是對聖心堂四周那一群群青年人，夜晚在綠地上談天、歌唱與跳舞有所認識，他帶我去麗都或紅磨坊，不是看歌舞表演，而是那些所謂上流大亨如何度過夜晚生活。就小街小巷的石塊馬路與路旁的楊樹，都是構成巴黎美的成分。

我們到巴黎那天，王家煜、羅鍾皖帶我們去溫水游泳池戲水，游泳是解除疲勞最好的方法，然後回家吃頓海鮮。飯後，家煜問我：

「晚上想去那裡逛逛?」

「塞納河畔。」

「你現在能摸到巴黎的脊髓了，有資格談巴黎的好壞。」

其實我喜愛黃昏時走香舍麗榭大道，在那大街上瀏覽大公司的櫥窗。夜晚去塞納河畔，享受燈光下塞納河之美景。

因之，我們四人去塞納河畔，拉丁區一帶的露天咖啡座，紅藍黃各式的座位，已經人群滿座。

晚上，微風拂過，寒冷之意漸濃，貞婉把圍巾纏在脖子上，手臂往我手臂伸穿，與我並肩，學習家煜與鍾皖那樣。

塞納河畔的人潮半夜未散，河中的玻璃頂遊艇的觀光客，不斷地向河畔上的人揮手呼喊，花錢到這世界有名的花都，盡情地享受一些歡樂。

巴黎市內的塞納河，共有三十二座橋，最古老的一座叫「新橋」(Pont Neuf, 1606建造)，早先橋上並排小店作買賣，現已沒有了，只有一些賣藝的、歌唱的，是巴黎最熱鬧的地方。但是最美的一座橋是一九〇〇年建的亞歷山大三世紀念橋，此橋是巴黎唯一沒有橋墩的橋樑。橋欄上雕刻精美，我們在這裡逗留許久。

巴黎人喜歡新奇，也有喜歡保留舊有的建築物，如龐必度藝術活動中心為義大利人設計，在巴黎人吵吵鬧鬧中完成，這座藝術中心像是煉油廠，那大筒管通道，可以隨意調節的展覽堂，為世界美術館最奇異的一座。如今又請美國貝聿銘設計羅浮宮庭院中的玻璃金字塔，又引起了巴黎人的一陣騷動，許多人責怪總統不重視本國的建築設計師。後來總統以為：貝聿銘是設計師中的設計師。超越於其他建築設計，這個工程正在進行中，大部分工程均在地下，地上的玻璃塔尖已經露出來。

王家煜陪我們去看一座廢掉的火車站，更改為二十世紀美術館，將原印象館的作品及近代美術館的部分作品移到這裡來，這地方在塞納河畔，站在樓上可望羅浮宮及聖母院。王家煜說這座不用的火車站，經過兩任教育部長決定，敦請兩位名建築師精心設計改裝，就原火車站改造。現尚留著兩大時鐘，為火車遺留的。

我們在巴黎認識了許多畫家，法籍畫家安善敦為我們請了一次客，邀請幾位畫家與我們見面，他請了十五人在一家義大利館子請客，以後我們又認識幾位青年中國畫家，有的來了幾年，有的來了十年，林與廖小姐很熱心帶我們去莫內家園，又帶我們去看畢卡索博物館，去年才開館的，這是一幢鹽宮改造而成的，上下三樓，有四十六間展覽室。是歐洲幾座畢卡索博物館最豐富的。

廖小姐的住所就在塞納河畔一間古老樓上，我們在她那兒喝茶，以後一位蔡淑惠也來了，她在巴黎唸美術史，為了報答他們的熱心，我在塞納河畔找一家餐館請他們晚餐，餐後喝咖啡聊天，確實不錯，在這美好的地方。

兩位法國藝術家

我認識兩位法國藝術家，一位是雕塑家克羅德・博谷拉修（Claude Bogratchew, 1936）與畫家安善敦（Assadour, 1943）。他們都是當代傑出的藝術家。

遠在十年前，我首次到巴黎，王家煜帶我去看羅浮宮、羅丹館、近代美術館等地方，以後由羅鍾皖陪我去十一街一帶看畫廊，一家挨一家的畫商，大部分是展現代畫家作品，一連看了幾家，羅鍾皖累了，我們就在亨利・貝內吉畫廊的雅致小客室坐坐，這畫廊正展出博谷拉修的雕塑，會場佈置十分清雅，以米黃色牆壁，棕色地毯，排列高低不一的陳列臺，作品以白色、深黃色、咖啡色及黑色為主。然後用許多盆萬年青、棕櫚等來襯托出作品美的形態，使人感到不是在室內，是處於大自然中，一樣地心曠神怡。

展出作品三十六件，大部分是石雕，四件銅鑄的。一塊石頭，經過他雕琢成為一種美的造型，有部分磨光，有些處理粗糙，創造出的肉體肌理，仍然躍動著血與感情。

羅鍾皖走過來，指著一件作品說：

「這些作品，都是以人體的部分造型。」

「不錯，很美的造型，作者的創作技巧，我很欽佩。」

「凝固了的動態。」

羅鍾皖形容作品為凝固了的動態，十分得當。過後，她把作者請出來，為我介紹。博谷拉修知道我是自由中國來的畫家，親切地握著我的手。

「歡迎您，遠地來的朋友。」

「您的作品很美，我喜歡。」

「很榮幸得到您的讚美。」

因此，我們成了朋友，他寄他的集子給我，這集子蒐集一九五六年到一九七一年的重要作品。

安善敦是陳炎鋒介紹的。幾年前安善敦到日本畫展，途經臺灣，陳炎鋒為他安排給藝術家會晤。次年秋天來臺灣個展，曾在我家便餐過，大家就熟了，以後常有信件往來。

他知道我們到了巴黎，立即到王家煜家來看我們，王家煜宴請我們的時候，邀請他作陪。那時，他帶了一瓶好酒來，酒瓶貼有他的畫，是酒廠選用十大畫家作品，作為標誌的。

第三天，安善敦為我們來巴黎，要請一次客，邀請了王家煜一家五人及在巴黎的幾位好友作陪，其中有畫家、建築師、設計家十餘人與我們見面。

那天上午，掛了電話來，要我們在下午四時，先到他住的地方，參觀他的畫室，然後一起去附近一家義大利餐館吃飯。

他家在巴黎大學附近，房子雖很古老，但是修護得很不錯，室內尚保留著原有的木柱，共有三間房，除一間臥室外，兩間工作室，有一簡單廚房及浴室。兩間工作室有十六坪之大，燈光及櫥櫃、架子之設計、桌椅之擺設也十分利用與配合，自己心愛的一些小收藏，如在印度及日本等地買的小玩偶、木雕與銅器，陳列在一架子上。工作室中除了一壓印機與兩畫架外，靠牆堆積的畫作。並沒有一般人想像的那麼髒亂，而是十分乾淨整齊。

安善敦四十五歲了，仍是單身漢。一位太重視自己事業的人，往往耽誤了婚事，據我所知，他也有女朋友，到了感情昇高時，就退縮了，不敢再發展下去。他說：因為忙於作畫，怕不能給她幸福。看來，他不想結婚了。

他作畫往往超越慣例性的世界，讓其持久而非短暫的印象。常用幾何及數字。近年來，少作版畫而畫油畫及水彩，風格仍然一致，油畫常用一二張畫布連作，分格而有連貫性的細筆繪製。這樣一幅畫，得花些日子才能完成。

「安善敦」是陳炎鋒為他譯成中文名字的，人似其名，一樣敦厚善良，純是一位畫家性格，安分守己，專心創作，為自己藝術前程開創光明大道。

在餐敘中，我認識了許多他的朋友，大家都一致推崇他是個難得的好畫家。

七十八年一月臺灣副刊

法國菜

高雄法國文化中心的法籍馮西屏先生，老是吹牛他能做法國菜，有機會他可請大家嚐嚐。

因此，我們都期待著他露一手，表演他的法國菜。

在歐洲，法國菜是有名的，當然不能與我們的中國菜相比。記得我首次去法國，王家煜羅鍾皖在中國館子請我，邀了朋友作陪，開了一席，看王家煜吩咐廚師說：「是請臺灣來的客人，不能做法式的中國菜，馬虎不得。」

再度去巴黎時，王家煜要請我進法國館子吃些怪東西，如蝸牛、蚯蚓之類，真嚇壞了我。貞婉說我沒有好奇心，為什麼不去試試，我對吃東西卻十分固執，中菜中的鴿子、青蛙、鱔魚等都不吃。

有一年去巴黎，住了許久，正好蔣復璁老先生（那時他任故宮博物院院長）到巴黎來，我國派駐巴黎的趙克敏要請他吃飯，趙克敏知道我們也在巴黎，也邀請我們，在一家巴黎聞名的茉莉花餐館吃飯。那次趙先生卻請了十位中國人作陪，訂好一長桌的席位。我們由王家煜夫婦帶路，準時去餐廳，趙先生開車去載蔣老先生，我看這家餐館具有歷史性，那木桌上面，許多名士在此用餐時簽名，刻有列寧、巴爾札克、畢卡索等大名鼎鼎的人名。顯示餐館的光榮。主客蔣老先生到了，大家入席，侍者拿來菜單，並推薦本年流行名菜是鵝肝。又是怪菜，除我要一份炸雞之外，其他的人都是鵝肝。這是主菜，先上沙拉，再是湯與麵包，再是一道魚蝦之類海鮮，然後才是主菜。看鵝肝上了桌，一大盤，他們吃得津津有味，我的炸雞也不小，全雞的四分之一，尚有一些青豆。過後甜點，可以要水果或冰淇淋，也是一大碗。

我對法國菜沒有什麼好感，當然比起西班牙菜，英國菜要強多了。在巴黎，我們住王家煜家，吃的是中國菜，很少上法國館子。

去年七月去巴黎，法籍畫家安善敦到王家看我們，並約我們去參觀他的畫室，然後去吃館子，因為我怕上法國館子吃怪東西，他選擇了義大利餐館，請了許多畫家作陪。這一餐吃得很好，菜是法籍建築師點的，專叫一些價格貴的東西，吃掉了安善敦不少錢。

我們的期待終於有了消息，貞婉從高雄回臺中，說馮西屏先生要請我們吃法國菜，他要親自下廚，要我於星期五來高雄，時間不能改，因為他將要回法國去。

正好，我有事得去高雄一趟。在高雄市先辦好我的事情，然後去羅教授處，他夫婦也被邀請的，可以搭他的車去。六時半，準時到了馮家。他是一人住這好寬大的新房子，問他幹麼住這麼大的好房子，他的答覆是：「不住好房子，就不必到臺灣來。」

西方人請客，習慣在餐前喝飯前酒，客廳桌上擺著不同名牌洋酒，及果汁、冰塊，水果可以各自選用。兩盤脫水的蔬菜，作下酒菜。

德籍的衛神父來了，客人到齊。客廳旁的餐桌，六個座位，大家按主人指定坐好位置，主人倒了白酒，第一道菜是串烤蝦仁與小番茄，味道鮮美，滿不錯，他真有一套本事。第二道是紅燒肉塊，有紅白蘿蔔及青菜。主人在另一隻杯子倒了紅酒。這道菜有些像我國的紅燒肉。第三道菜是青菜沙拉，有白色與紫色菜，切為細絲，還有蘋果細條，加上沙拉醋醬，一道可口的青菜沙拉。最後是甜食，一大盤，像一座小山形狀的，從烤箱搬上餐桌，然後用一小瓢的藍酒淋在上面，點火讓其燒，一會兒酒精燒過了，那淡黃色部分燒焦了，主人用刀切為六份，每人一大塊，裡面兩層，一是冰淇淋，一是蛋糕。經過酒精一燒，有熱有冷。像我國的火燒冰淇淋，他們叫拉斯維加燒餅。

之後，回到客廳喝飯後酒。桌上已換了一批酒，其中我熟悉的「蚱蜢酒」，綠色的，還有一樣瓶子的紅色的酒，把酒瓶加入牛奶，調勻之後即可飲用，酒中帶有甜味。最後是咖啡，也是聊天時間。

「法國男人都是會做菜嗎？」我問。

「是的。」

「巴黎我的畫家朋友不會做菜。」

「會畫畫的人，大半不會做菜。因為沒有時間。」

有人把「吃」當一種藝術，廚子即藝術家。可是藝術評論家卻否定了廚子是藝術家的說法。

也許，有人拿音樂是聽覺藝術，把演奏家或歌唱者與藝術家相比。吃是味覺，廚子卻不可算藝術家？

法國菜仍是有它的美味，雖然常是些怪東西的烹調法，只是我不敢去嚐試。我國廣東人之吃蛇與猴子，同樣會叫人害怕的，不管它會是另一種美味。

臺灣還沒有法國式餐館，可是臺灣做的法國式麵包，卻不亞於法國的。法國人強調做甜食為世界之冠，我看臺灣糕餅店之甜點也不錯。近來，臺灣生活品質提昇，以後將為世界美食王國。

可是，我們要的是「文化王國」。

七十八年二月六日中華副刊

尋覓畫家步履

畫家心中的巴黎

儘管美國人想把世界藝術中心自巴黎移向紐約，這是不可能的事。紐約沒有藝術氣氛，也沒有藝術歷史與背景，不是單憑金錢就能造成的。

一般畫家心目中，學水墨畫該到我國來，學西畫必須前往巴黎。巴黎仍然是世界藝術中心。今天，臺灣青年留學巴黎人數日增，學畫、讀美術史學、美工設計、服裝設計、造型創作等有數百人。他們一致認為「總算聞到了一些西方藝術氣息」。在巴黎除了羅浮宮到現代美術館，有許多有關藝術的館之外，尚有許多畫廊。這種環境不是短時間可以造成的。

塞納河形成了巴黎之美，這河上三十二座橋，最古老的「新橋」，建造於一六〇六年。最新一座橋，一九〇〇年建的，是亞歷山大三世橋，唯一沒有橋墩的橋樑。

巴黎人對畫家極為尊重。十年前，我在巴黎一家書店翻閱一些畫冊，其中一本油畫集，畫如水墨渲染模式，十分喜愛，看看價格，十分昂貴，只好把它放回原處。一位住巴黎的中國神父對我說：

「不買嗎？」

「太貴了。」我笑著望望他。神父也看看我，問道：

「你是畫家？」

「是的。」

「那麼，你買畫冊可以打八折。」神父轉身向店員，告訴他我是畫家，果然可打八折。

以後，我又在一家書店，也能以畫家打折買到畫冊。

現在，我已經六度去巴黎，朋友王家煜、羅鍾皖住巴黎二十餘年，他們認為，要看出巴黎的美，必須住一年以上才成，不能一時憑直覺看巴黎的表面。巴黎實質的美，是由歷史背景衍續下來的，每當我沉緬於羅浮宮、龐畢度藝術中心，近代美術館，廿世紀美術館，無不佩服法國人對藝術品維護與倡導。久居美國的親戚朋友都說：

「少往歐洲跑，到美國來，會感到美國新鮮可愛。」

去巴黎或歐洲國家，只不過是尋覓些畫家的腳跡而已，看看他們的畫作，也追尋一些畫家的創作環境，是我所樂意做的。

法籍畫家安善敦與我談了許多，他喜歡巴黎的畫畫朋友，大家互相勉勵，各人有自己的風格，他不喜歡參觀巴黎近代或現代美術館，他需要偏古代藝術，對他的畫面構成有所幫助。雕塑家克羅德・博谷拉修卻愛造型藝術，那些打碎了的石像，十分感興趣。他們各自尋找心中所需要的，在巴黎卻很方便。

巴黎是繁華、時髦、文化與美術的代名詞。

塞尚擇山林而居

我們去艾克斯，往訪塞尚故居。

被稱為「現代繪畫之父」的保羅・塞尚（Paul Cezanne, 1858–1906）生於法國南部的艾克斯・恩・普洛文斯（Aix–en–Provence），在此地讀完小學中學。十九歲進艾克斯大學攻讀法律，而他卻喜愛繪畫與文學，中途輟學。塞尚的家境很好，父親由工人而奮鬥成為富有的資產家，經營一家銀行。在十九世紀中葉的歐洲，正當產業資本，金融資本成長的時候，塞尚的父親是當時典型暴發戶，沒有學問，對文學與藝術完全不懂，他反對兒子學畫，而母親卻贊成兒子習畫，在她的勸說下，其父終於同意塞尚學畫。

起初，塞尚利用晚上到艾克斯的格勒內美術館素描教室學習。一八六一年塞尚離家到了巴黎。

在中學時，塞尚有一位要好的朋友左拉，又在巴黎相遇。後來他投考巴黎美術專科學校，不幸落榜。夏天，他回艾克斯，白天在父親銀行工作，晚上習畫。他二十三歲時，再度到巴黎。不想考美術學校，而租下一間畫室，專心作畫。四年後，他在塞納河下游亨尼克地方，對外光的重要性有了認識與啟示。一八七一年他畫了兩幅法國南部的風景「聖維克多亞山」及「勒斯塔克雪景」，是塞尚初期得意作品，有激情的戲劇性表現，且有文學修養。並且對肖像、靜物、風景等「視覺可見之物」，他與人體組合，嘗試構成的意念，描繪成一系列的「浴女」連作。

一八六五年，塞尚參加沙龍展的作品，全部落選了。保守的評審委員，無法接納他那帶有革新思想的繪畫。當時受到排斥的還有馬奈、畢沙羅、雷諾瓦等人，這群畫家後來聯合舉辦「獨立沙龍展」，那時候，左拉寫了一部小說《製作》，描述一個失敗的畫家，主角克勞德・藍迪埃，就是影射塞尚。因之引起了塞尚對左拉的不滿。

從一八七四年到一八八六年，在巴黎舉行了八屆印象派畫展。其中塞尚到歐維與龐特瓦茲有兩年時間，塞尚以觀察自然入手，嘗試以色彩的斑點描繪光與空間的感覺，在歐斐畫了

「醫生嘉塞的別墅」，「吊死人的房屋」，畫面逐漸明亮，從近景到遠景層次加強，有深度感。房屋與山丘的石對立，產生快適的韻律，消除了早期作品的一些恐怖感覺。

一八九四年，莫內邀請他到吉維尼，翌年春天，他到巴黎為古士達夫・傑佛亞畫肖像，以後回艾克斯。巴黎名畫商伏拉德為了要邀請他在畫廊個展，前往艾克斯看塞尚，對他的許多佳作，非常讚賞。第二年冬天，塞尚個展揭幕，獲得藝術界好評，為一般人所矚目與崇敬。

晚年他非常喜愛聖維克多亞山與樹。在艾克斯新建了一幢畫室，一片樹木中的一幢兩層水泥樓房。作畫題材以靜物、自畫像、自然風景為主，顯得更精鍊純熟，光彩壯麗的景色，豐富的造型刻畫出來的雄偉。

我們到了艾克斯車站，天色已暗，先找住的地方。次日一早，乘公車到北郊去看塞尚的畫室。到時才九時，波達益站山坡上，景色幽美，寂靜乾淨，可望艾克斯城內，遠處眺望聖維克多亞山，確是個好地方。天氣好，暖和陽光下，我與貞婉漫步在鄉間道路上，按著指標下坡途中找到了塞尚畫室，卻得等候十時才開門，我們耐心地等候著。後來又有兩位青年來，再來一位女士，都是特地專訪這地方的。

十時終於到了，可是門還不開，那兩位青年，拚命按電鈴，久久不開，以為是沒有人住裡面。一會兒，圍牆門開了。我們進去，一位女孩在售票，據說是塞尚的後代，住在這幢樓房的下層客廳。我們上三樓，便是一間大畫室，大概有二十坪之大，牆上架上，擺著各種瓶子，茶壺和三個骷髏頭，架下掛著他生前喜愛的蒲桑和德拉克勞的遺作。櫃子上放著作靜物畫所用的橘子、石膏像。大畫架靠火爐旁。一切擺設仍保留原樣。左角一間小書房，三坪大小，書櫥是新的，書大都是以後出版的塞尚畫冊，新的，精製本。

沒有耐心的人，十分鐘就看完了。今天是周末，上午僅有九個參觀者。

貞婉要去庭園走走，許多樹是塞尚生前所喜歡畫的樹木，一大片蒼綠，沒有整理，連小路都不好找，長滿了雜草，還得當心蜘蛛網，唯一的好處就是樹上有許多鳥，鳥叫聲十分悅耳。

回旅社的公車在半途下車，去聖保羅公墓，塞尚埋葬在這裡。這公墓好大，進了門，貞婉去門房辦公室詢問，那位小姐說找個工人帶我們去，工人都到墳墓地作清潔工作。她說：

「你們不要害怕，我按一下警報器，叫工人回來。」說後，她按一下裝在門前的電鈕。

「嗡嗡」，一大聲響，真如拉警報。

一會兒，還未看到有人跑來。小姐說：

「大概都在忙碌著。我領你們去吧。」她關了辦公室，走下階來。

我們走了一小段路，一位工人過來，小姐要他帶我們去塞尚墳墓。小姐回辦公室去。

這工人很健談，問及我們從那裡來的，是否也是畫家？說有不少畫家來探訪塞尚墳墓。

貞婉問他這裡不給拍照的理由？

「沒有什麼理由，就是有這麼的一種規定。」

走到最北端的角落，到了塞尚墳墓前。

「就是這裡，畫家家屬擇面向聖維克多亞山。大理石墳上一十字架，墳前種植了一些小黃花，十分樸實。我們行個禮，默念憑弔。

「你們拍兩張照片留念，我不阻止就是。」工人說。

工人是個好人，讓我拍了照片，違反了他們的規定。他還帶我們去看公墓內的一間最小的教堂，這一小間房子，除了祭臺外，僅可站兩三個人。這是專供家屬為亡者作彌撒之用。

在入口處有一堵大理石，刻了很大的字，工人說是一位大將軍的墳墓。是這公墓中最體面的一座墳墓。

回到住所，洗個澡再上街，美術館已關了門，教堂還開著，我們進了教堂。

第二天九時去美術館，原先以為有許多塞尚的畫，可是只有七幅，其中一幅被借出，剩下六幅，都不大，二十號以下的，風景畫，仍是山與樹。

樓下一室有畢卡索的素描，十餘幅之多，擺設在金屬架上，十分特別，說明不可觸動那些銅條，以免電鈴響，而驚動其他參觀的人。

如看塞尚作品，倒是在巴黎現代美術館內的印象派畫家的畫最多。

莫內的大花園

到巴黎的第二天，王家煜即陪我們去前年開幕的現代美術館參觀。這館在羅浮宮旁，過了塞納河，是河邊一座被廢的火車站改建而成的。據王家煜說，經過兩任的文化主管計劃，兩位名建築師精心設計，使這龐大的建築物成了藝術殿堂。把原來印象派美術館取消，作品搬到這美術館來。我們在這裡又看到一壁一連五幅的莫內大畫，「盧昂大教堂」，同一畫面，不同時間，光與色彩的變化不同。至為感動。

「明天，我們去盧昂，尋訪些莫內畫的教堂。」貞婉說。

從巴敦北走，三小時車程就到盧昂，很快就找到大教堂。天氣好，許多觀光客在大教堂廣場，兩位美國女士在寫生。我們又去美術館。盧昂美術館有豐富的收藏，但是莫內的作品卻不多，除了一幅「大教堂」外，尚有兩幅盧昂街景，都不大。

莫內（Claude Monet, 1840–1926）生於巴黎，父親為食品商人，莫內是長子。五歲時，全家遷移法國北部海岸哈佛港。童年生長在海濱，眺望大海與天空多變的雲彩，以後卻成為一位「光」的謳歌者。他不斷地在探索描繪明亮的陽光照射下的自然物，以調和而優雅的色彩描繪出充滿新鮮感的事物。

一八七四年，莫內的一幅油畫吸引了一位新聞記者的注目，他以嘲笑的口吻寫了一篇文章，取用莫內的那幅畫「日出—印象」為題，稱這群畫家為「印象派」。

莫內被稱為色彩的發現者，因為他對水和色彩的表現，有特殊的成就。他不僅是印象主義的典型畫家，也是新印象主義的先驅，可以稱他「印象主義之父」。

我們由旅法畫家廖石珍、林守馨陪同，乘車到西威爾尼（Giverny）莫內家園，他倆也是第一次往訪，由林小姐開車，三小時後才找到地方。恰巧是星期天，這地方馬路旁，停滿汽車，我們排隊等候一小時半才買到票進入。因為這個大庭園，經西威爾尼地方集資整修，並雇用園藝專家經營。除了這幢好大的二層樓房之外，一大片庭園，一年四季均有美麗鮮花開放。

庭園之大，要經過一條馬路的地下道，池塘小橋都是日本樣子。莫內喜愛日本的浮世繪。一八七一年，其父逝世，他自英國回法國，途經荷蘭，買了許多日本浮世繪畫片，現在尚掛在房內。除了浮世繪外，尚有莫內的畫，都是複製品。

園內有很大的池塘，池中的睡蓮，莫內用的小舟還在。莫內極喜愛在船上作畫。不只是在這池塘，在塞納河等地方，也常在船上作畫。

總共有數百種不同的花。喜歡研究花卉的貞婉，在這萬紫千紅之間，也有許多她叫不出名字。

下午四、五時了，遊客仍是一批批地擁進這大園庭。這些人不一定全是畫家、藝術家，有許多是全家來此作一日度假的。

據說，一八八〇年，莫內經過此地，喜歡這裡的風光，決心買下這一片地，興建房屋，整理一些自己喜愛的樹木與花卉，晚年不必再出遠門去作畫。看那門內的一堵牆，有莫內的睡蓮畫作，不是與池塘中的睡蓮完全一樣嗎？都是在自家池塘中畫的。此外還有「白楊」、「積蒿」畫作，也是自園庭中畫的。

自巴黎到西威爾尼，沒有火車與公車，必須自己開車，才能到達。許多觀光客極少被安排到這裡來。

「我們是臺灣畫家訪莫內家園的第二批人。」廖石珍說，「楊三郎說他是第一個自臺灣來訪的，對莫內的大庭園極為感動。」

「絕不是第二批。臺灣留法藝術家很多，都想來。這裡確是太美了。」我說。

讀莫內傳記，他天生沉默寡言，性好靜，像隱士。單由這一點，他不能不重視自家庭園。

其內作品的光線，尤其是當他成為一個成熟畫家時，好比是腐蝕，它們平滑的繞著邊際，把它們融化而減少成灰塵一般，由小的色彩筆觸組成。事實上，這是一種擴張。因為，在他作品中，人和物體背景之間的分界線不見了。而且，不知不覺地人們變成他設計中的基礎，形象則變成與四周環境共處。

今日阿爾以梵谷為榮

在阿維濃，正遇上他們的藝術節。夜裡十時起，在大教堂前，廣場非常熱鬧，高歌狂舞至天亮。我們一大早就到阿爾去，梵谷在阿爾一年七個月之久，是他一生在一個地方最久的時間，我們可以找到一些梵谷的腳跡。

從阿維濃到阿爾不遠。到了阿爾車站，前面百公尺隆納（Rhone）河橫過，原先的橋已拆毀，尚留著橋頭的一雙石獅。車站正門出去，道路兩旁的槭樹，公車處候車室外，是花園式庭園。牆上有塊銅牌，鏤刻一八八八年梵谷給其妹信中字句：

此地如此震撼我的，
如此詩情畫意的
讓我心嚮往之

乃是這清澈的空氣。

另一塊銅牌上鏤刻梵谷一八八八年致其弟書上的句子：

> 生平頭一次我畫了耶穌與天使在橄欖園的習作，因為在阿爾我才真正知道什麼是真正的橄欖園。

進入市區，到處都能看到店面掛梵谷畫像，尤其是在觀光飯店或大旅社。一家名為「梵谷旅社」的，店東說這裡是梵谷生前住處，梵谷住的「黃色房子」，就在後面轉角，大戰中被炸毀，已經拆掉，改為店舖。許多來住的客人，都要問，店東只好說在後面轉角那一間。

梵谷畫過的那座中古時代留下的木製吊橋，也在二次大戰被德國炸壞了，因為許多觀光客要看，政府只好依照原來模樣建造一座，名叫「梵谷橋」。這不是為紀念梵谷，而是為了觀光客。

阿爾因梵谷住過，引來許多觀光客，現在大蓋觀光旅社，都以梵谷為榮。想到八十幾年前，梵谷在這裡，受盡誤解與欺侮。大家把他當瘋子，他與高更鬧翻後，小孩見到他，大喊「瘋子」，甚至撿石子投擊他。鄰居左右聯名申請市政廳將他列入「危險人物」而驅逐出去。連房東都要佔他便宜，抬高房租。現在，阿爾不將梵谷未竟的理想實現，而藉此機會賺錢，如市政廳旁的咖啡館，因梵谷畫過，現在生意興隆。那中古時候羅馬人的阿立岡墓園，槭樹下的兩排石棺，也因梵谷畫過，現在參觀這裡，也得買票才能進入。

這裡的列阿迪博物館（Muse, eRe, dttu）藏有畢卡索的版畫三件，杜飛的素描一件，尤特里幼的素描一件，佛拉蒙克的素描一件，高更的版畫一件，馬內西葉版畫一件，馬哈香的阿爾風景七件，依美・布累耶的法國南方寫生油畫三件，羅吉爾版畫一件，格羅美素描二件，亨利・魯梭作品一室，布蝶爾雕塑四件，列阿迪作品一室等，雖然算不上是代表作，這小地方有這樣的收藏，對藝術已算重視。

遺憾的是無梵谷作品。梵谷是一八八八年二月二十日到一八八九年五月九日在阿爾的，在這短短一年多日子裡，有兩百幅油畫及一百五十幅素描的收穫，而阿爾卻沒有收藏任何一件，實在說不過去。

梵谷（Vinent Van Gogh, 1853–1890）出生於荷蘭，先則獻身宗教，曾在比利時礦區傳教，後來獻身藝術。他的繪畫時間僅是短短十年，比起其他畫家都短，但是，他的作品卻很輝煌，畫作充溢著生命活力。

在阿爾城區，梵谷畫得很少，他不願在人多的地方作畫，都是在城郊工作。梵谷在阿爾進過精神醫院，而在醫院庭園作過畫。以後他弟弟西奧帶他去巴黎。

阿爾的景色很美，綠綠的橄欖樹，青色的隆納河，山岡間棕黃瓦紫白色牆的農舍，那羅馬人建造的露天劇場，古老的教堂，綠色的公園，樸實而有個性。

我們在這裡認識廖石珍與林守馨，他倆在露天劇場看鬥牛出來，在公園休息而與我們相遇。我們一起去市政廳旁那家梵谷咖啡室坐坐。

回到巴黎的次日，我們就到距離三十公里的歐斐（Auvers）去，這裏是梵谷住的最後一站，僅七十幾天的時間。自殺後，他也埋葬在此地公墓園。

梵谷的弟弟西奧，對其兄極好，供給他生活費及繪畫材料。梵谷來歐斐，是嘉塞醫師帶他來的。嘉塞醫師在這裡有一幢三層樓別墅、大園庭。醫師在假日才來住。這裡風景很好。嘉塞醫師對梵谷不錯，別墅借給他作畫之用，另把他安頓在街上一家拉霧酒店。

歐斐比阿爾小，景色卻不比阿爾差。今年地方上積極籌備為梵谷逝世百週年作紀念活動。據觀光局說，將有兩萬日本人登記來歐斐祭弔梵谷，因而歐斐即將公園改名為梵谷公園。我們到園內一遊，內有一座梵谷銅像，為俄籍雕塑家查德金手塑，比那座荷蘭梵谷館前的要寫實多了。梵谷背著沉重的畫具，出外作畫的立像，座很低，四周種植花卉。街上那家梵谷住過的拉霧酒店，已由政府收購，門前用一塊大青色布包住，布上繪著梵谷像，籌備作梵谷紀念館之用。以往經梵谷在此畫過的地方，都立了牌，懸掛複製畫作，如「醫生的別墅」、「公園」、「教堂」、「市政廳」、「吊死人的房屋」都有。觀光客到處都可看到梵谷畫過這裡不少地方。

另有一詢問處，專賣梵谷畫卡及幻燈，複製畫品。那婦人說，鄉里籌備迎接大批日本人的到來，而整頓市容。梵谷紀念館基金會準備請日本人捐款，要後年此館才能開幕。

我們在德國火車上，遇見一位德國藝評家伊絲白・貝雅歌（Elsbeth Berg）。她到荷蘭美術館演講回來，同在一等車廂中。我們談及梵谷在阿爾事。她說：

「梵谷與阿爾沒有感情，阿爾一片綠，而梵谷畫作喜歡用黃赭。梵谷能在阿爾住了一年多日子，原因是梵谷很喜歡日本，可是沒有錢，無法達成願望。找到阿爾，他高興地說了一句話：『我終於找到我心中的日本了。』」

梵谷喜歡日本，我早就知道。他曾經描了二幅日本浮世繪。今天，難怪日本人肯以兩千八百萬美元買下梵谷的「向日葵」，創下世界高價紀錄。

我們去看梵谷畫過的教堂，教堂破舊了，趕修。從教堂去墓園不遠，我們到時，已有兩個外國人在那裡。梵谷死後，六個月後，他弟弟西奧也死了，兩兄弟埋在一起，墳上不加大理石臺，而是一片萬年青。聽說是梵谷弟婦的主意，讓兩兄弟情誼永遠青春長在。

藝壇強人畢卡索

伊絲白・貝雅歌評畢卡索為藝壇強人，無論他早期或晚期作品，都是好的。

在臺灣，大家對畢卡索名字很熟悉，對其作品評價不高。不是瞭解他的人，看他晚期畫作，很難接受。就是歐洲人，對他評價亦不一，有好有壞。但對他創作精神卻不能不欽佩。

畢卡索（Pablo Picasso, 1881–1973）生於西班牙馬拉加市，其父在馬拉加州立聖・杜爾莫工藝學校任美術老師。畢卡索十歲時全家遷到拉・柯尼亞。父親到巴塞隆納侖巴美術學校任教。一次回家，看到十二歲畢卡索為其母畫素描像之後，決心不再作畫，把畫具移給兒子。一八〇七年，畢卡索十六歲，考入馬德里聖費南度美術學校就讀。第二年，以一幅「阿拉貢的風俗」在美展中獲獎。

一九〇一年，畢卡索到巴黎，受羅特列克・史坦朗等人的影響，繪畫進入藍色時期。一九〇九年創作分析立體派作品。一九一五年立體派瓦解，滯居巴黎。一九二五年舉行首屆超現實畫展，一九二六年畢卡索五十五歲，出任柏拉圖美術館館長。一九七一年在巴黎舉辦九十生日回顧展。一九七三年四月八日，心臟病突發逝世。

此次歐洲之行，最大的收穫，就是看畢卡索的許多畫。我們從法國南部去西班牙，到了巴塞隆納，住的旅社就在畢卡索博物館附近。博物館原是一幢舊有樓房改的，共四層。自二樓起，共有二十四室。除了第一室是畢卡索的陶瓷繪畫外，第二室至二十四，大多是畢卡索十二歲到二十幾歲的早期作品。有素描與油畫。十二歲畫其母，素描之準確可看出他繪畫天才。在二十四室中，有些是一九五七年的油畫及石版畫，有一幅一九六一年的銅版畫。

這館不售票可以進場，在西班牙，不買票能進博物館的太少了。

我們到馬德里柏拉圖美術館時，同時也到另一館去看畢卡索的「格爾尼卡」巨大的畫。此畫原存紐約現代美術館，美國剛把此畫送還給西班牙。一九三七年，畢卡索任柏拉圖美術館長時作此畫。畫中描述戰爭的苦難，而他在危難中奮鬥，藝術表現便更強烈。此畫另闢一室專展，兩旁同時展出畢卡索設計這畫時的部分手稿，有數十幅，可見一幅巨大作品的完成不是簡單的事。

回到巴黎，廖石珍帶我們去參觀前年剛開館的畢卡索美術館，這館址是從鹽宮改建而成，有大庭院，樓房內有四十餘室，全是畢卡索最精粹之作品。也許畢卡索生前有所準備，把好的作品不肯賣。

在畢卡索館待了一整天，仔細地參觀他的作品。覺得他用任何東西都可作畫及雕塑品，輕鬆愉快地，連那破壞的腳踏車，取其座為羊頭，把手為羊角，配起來蠻有趣的一件雕塑。那隻用破竹簍，木頭，泥巴做成的母山羊，都是參觀者拍照的對象。

我們從巴黎到倫敦，在倫敦國家泰德美術館又是展出畢卡索晚年作品精展，精選兩百多幅，包括油畫七十八幅，版畫一百多幅，雕塑六件，把一九五三年到一九七三年最後二十年的作品選出來，先在巴黎龐畢度藝術中心首展，然後才運到倫敦。在英國，進國家博物館美術館都不必買門票，唯有看畢卡索畫展得購票入場。

據泰德美術館發言人說，為展畢卡索作品而引起爭議。畢卡索的地位在英國卻褒貶不一。羅哲・弗萊（Roger Fry）在一九一〇年引介畢卡索到英國，那時華德・席克德（Walter Siclcert）和一些畫家就反對。弗萊本人對畢卡索的立體畫也有理解上困難。可是一九二〇年三十年代畫家，薩德蘭・派柏和亨利・摩爾崇敬畢氏的「變形」、「轉形」的本事；另一些文人卻推崇他的純形狀；用感情使物象別具新象，可為英國傳統畫改善的借鏡。

畢卡索一生藝術創作生涯，過得愉快而平坦，他畫自己所喜歡的。成名之後，大都離開不了女人，大部分畫女人的乳房、臀部，甚至於一般畫家不敢畫的「性愛」。

從畫的風格上說，評論家分為少年時期，藍色時期，玫瑰色時期，分析立體主義時期，新古典主義，夢的分析，憤怒時期，戰後田園抒情時期到晴美的晚年，多采多姿。

他青年時的好友阿波里奈爾（Guillaume Apollinaire, 1880–1918）法國詩人，也為藝術評論家，在「立體派的畫家們」一書中曾提到立體派的分割方法，逼使希臘美學承傳下的歐洲繪畫，起了很大的變化。就畢卡索的立體派言，它紀念性代表作「阿維濃的姑娘們」，完全摒棄了自然主義的寫實手法。畢卡索否定了既有形態，與固有的方法，算是藝術上的一次革命。

畢卡索猶如多變的魔術師，隨時改變風貌，不只一次，他的人生出現轉捩點。今天，我們毫無疑問地認同他為本世紀偉大的藝術家，在美術史上永垂不朽。最大的因素，就是他不斷向前探求與發展。

二十年代中期，他的畫面出現了柔和，那是新古典主義的開始。

一九三七年，畢卡索因德軍在他祖國的格爾尼卡非法攻擊，憤怒到極點，他作了一連串刻劃戰爭的畫，鼓舞人們起來反抗法西斯主義。

以後的三十年間，畢卡索六十歲到九十歲，正是藝術上最成熟的時期，他沒有拘泥於新古典的樣式，而表現出來的創作，使世人無限佩服。

看完了展覽，我們回到哈德生教授家。哈德生教授已經看過兩次。他說：

「畢卡索晚年時期，作品由純熟輕快的手法繪成，自知活著時間不多，畫面從未起過稿子就落筆，不論是筆觸或色感都無不妥當之處，堪稱為本世紀的藝術強人。」

七十八年三月二十五日西子灣副刊

性格城市

里昂街頭

在巴黎住著，貞婉不願意浪費掉優惠月票，總是往南部各地跑。每天早出晚歸，去巴黎以外地方，累了，就在巴黎休息一兩天，又要去里昂（Lyon）。

「去到里昂要好好地吃一頓，那裡出名美食與好酒。」王家煜說。

「除了吃，還有什麼我們要的？」我問。

「里昂是法國有名的工業城區，當然，你們要看的博物館，大教堂都有的。當地產蠶絲，要買絲織品卻很多。」

王家煜不愧住巴黎二十餘年，法國南部雖然沒有我們去的地方多，但是什麼地方都知道。

里昂是法國鐵道網的樞紐，許多鐵道自里昂呈放射狀地走過各地。因佔了地形上的便利，這裡民眾生活相當富裕。十五世紀初期，里昂是重要生絲產地。本地養蠶農家，供應必要的原料。現在卻大規模的絲織品工廠，卻仰賴義大利、日本及中東等地進口生絲了。

我們到了里昂車站，找了詢問處，取到一張旅遊指南地圖。出車站，那兩幢高達四十層的圓形大廈，及一幢幢的現代化大樓，迷惑了我，搭車？走路？這一天時間要在這城市中度過。

「當然走路，可以看看這法國聞名的都市。」貞婉建議步行遊市區。除了那兩幢大廈之外，最高處望去，可以看到大教堂的塔尖。問了當地居民，知道靠小山崗那一帶都是舊城區，大教堂就在那一帶。

我們自大街走，一幢類似博物館大廈的房屋，走近一看卻是銀行。一條街都是，世界各地的銀行，可知里昂是工商的重要市區。據說這裡每年都舉辦國際貿易商品展覽會，許多外國商人或製造業者，都湧集到這裡來。

今天里昂市民，已能以自己的資金修建古代的美麗史蹟，好好地保存可以追溯到西元前四十三年的有關本市的古老紀錄。我們在公園當中，看到那座騎在駿馬上英姿十足的銅像，那就是征服過大不列顛的羅馬皇帝勞第阿斯（Cleudius）在西元前十年，他是在里昂出生。一九五八年時，這裡為他舉辦過二千週年誕辰紀念大會，並興建一座希臘式的氣氛與羅馬式建築圓形劇場，舉行特別音樂演奏會及戲劇演出等活動來紀念。

從公園旁的大街，穿過一條小街，這是舊街沒有錯，房子都是古樣子，奇怪的，這條街上不能通車，店門口都撐上了五顏十色的遮陽傘，座上許多各地來的食客。

「看完了大教堂之後，我們也來這裡中餐，品嚐一下這裡菜餚，喝瓶美酒。」我說。

貞婉同意回到這條街來中餐。

找到了大教堂，可是門是關著的，走了一周，都不得門而入。在教堂的右側部分廢墟，有一破洞，可以走下地下室。一群小學生，有人進去過，說裡面空洞洞地，沒有東西。

這批小學生是騎腳踏車來的，有兩位老師帶隊，大概是在這裡附近學校作郊遊活動。我們走向正門，在石階上與那些小學生坐在一起休息，旁邊兩位女生已經打開便當吃午餐了，老師過來，分給他們每人一瓶可口可樂。

「你們是特地來看大教堂的嗎?」貞婉問旁邊那位女孩。

「是呀，下午要走路上山坡去那聖母大堂。」她指著正對面的山坡上的大教堂。

聖母大堂建在山崗上，看樣子比這大教堂要大，像是剛修整過。我們因為還要去找博物館，沒有上小山崗去看聖母大堂。

走回那條飲食的街，找個座位坐下來，貞婉要了一份魚，我要一份雞，一瓶白葡萄酒。

不錯，味道好。在這裡略為休息，再向另一條大街去。有幾家畫廊，一家賣銅版畫及絹印的畫廊，作品都未經作者簽名，但售價之便宜，對開張才賣三十法郎（折合臺幣一千二百多元），書店很多，證明此地文化水準高。以前，這裡曾經出現過許多著名學者。法國最早一部印刷完成的書籍，是里昂的印刷廠印製的。

市區內有一座玩偶博物館，陳列有古老的玩偶珍品。法國玩偶人物中，最盛名的「基偶」及它的伙伴「納胡」，它們都是十八世紀首先在里昂與觀眾見面之後，聲勢才日漸壯大，而推行到法國各地的。數千種不同的玩偶之間，好高興找到了我國的掌中班木偶，大花臉，白面書生，小花旦等。

有幾家專賣里摩吉瓷器商行，看到上次我們往訪里摩吉看陶瓷時所沒有看到細緻的瓷器，如貝殼般的薄，釉色之美，不必加以彩繪，價格之高令人咋舌。這世界一流的貨，配上一流的店，一流的裝潢，在巴黎街頭都極少有的。

從公園的綠地中小道穿過，走向那邊去看幾家賣絲織品的店，貞婉要買絲巾。這裡的商店裝潢都很特別，色調大都是採用中間色，柔和美麗，很少有大紅大綠的。電影院很少，聽說與這裡人民不愛大眾娛樂有關，市民們只喜歡呆在家裡享受生活樂趣。這是與法國其他都市不同的地方。

里昂街頭，盡是新建立的大廈，看來是莊肅寧靜的工業城市。

馬賽港口

去馬賽是第二次。上次從市區走上市背後的山崗，欣賞馬賽的夜景，印象之深，至今猶存。

這一次再度往訪，該看看它的特點，馬賽港口。

馬賽是地中海的一大港口，我們搭上一小艇前往港外伊忽城堡（Chateau dif），從海上觀賞馬賽。那無樹的山崗圍在城市背後，白色的房屋在陽光下發亮，使我感覺比上次的印象更佳、更美。

在法國，馬賽是最大的港口都市。在西元前六百年，希臘人殖民此地時建設的。自此之後，馬賽即成為地中海一個重要門戶。

從港口到街上，充滿了上岸的船員與外國來的觀光客，各色各樣的人種匯集此地，這種光景，古往今來尚未曾有任何改變。

馬賽有一道極出名的海鮮佳餚補雅貝斯（bouillabaisse），是集二三十種不同的魚，除去骨頭而燉熬成的，味道極佳。有一篇旅遊文章，形容馬賽港的人種比補雅貝斯還要雜，還要多。

因此，馬賽整天在熙熙攘攘中度過。港口進來，到了聖心大教堂，教堂位在大馬路之中，把大馬路分開左右兩道。我們在這裡照像，可以看到許多不同人種的人在此拍照，及觀賞這大教堂的宏偉與美麗。

這一帶的商店大多是飲食店、大飯店、舞廳、夜總會及影劇院。我們進一家餐館午餐，貞婉想要一份補雅貝斯，她又怕花了這麼貴的錢叫一份我不喜歡吃的東西。因為我一向不愛吃魚的。結果沒有吃補雅貝斯。至今，她仍念念不忘，決心下次到馬賽一定嚐試一下這道名菜。

馬賽為法國最古老的城市，但不見那古老建築物，而是新型建築物居多，這是在二次大戰時被炸燬，戰後才重新建築起來的。

我們還是自這條街穿過那條街，而走到背後山崗，在山崗上遠眺伊忽城堡，想起了大仲馬所寫《基度山恩仇記》中的主角人物。在港口外的小城堡，原是著名的監獄，現在卻成為港的航行標誌。

在這活躍的港口、街市之間，唯有上小山崗來，可以略為使頭腦安靜些。貞婉打開地圖，指著東邊的那一港口，說是法國海軍軍港土倫（Toulon），拿破崙當年砲戰等事，又使我的腦筋緊張起來。

我站了起來，貞婉跟著站起，安步走下坡，那一條條筆直街道，我們走著，沒有要去尋找博物館或美術館的意念。在這活躍的馬賽港都已經夠充實了，不必要把美的畫面再往腦裡塞。

到馬賽車站等候特快車，四小時就可抵達巴黎了。

七十八年四月十五日西子灣副刊

兩座精緻的個人紀念館

——夏卡爾博物館與孟克美術館

這篇文章，我選擇這兩座個人美術館一起談的原因是因為館的建築均樸實舒適，作品陳列適當，不像其他國家美術館那麼大，想將那麼多美的意念拼命灌入來美術館參觀者的腦袋裡，令人在匆忙的欣賞過程中，隱隱感受時間的壓迫。

孟克美術館位於挪威首都奧斯陸，而夏卡爾博物館則在法國南部尼斯。幾年前我到法國南部蔚藍海岸度假，曾與王家煜夫婦一起去尼斯。尼斯地區博物館多，我們先去看夏卡爾博物館，那時候夏卡爾尚存人間，他也參與這館之設計。一般歐洲國家為在世藝術家興建美術館，例子十分罕見，夏卡爾館的確特殊，何況他又不是法籍畫家。

夏卡爾博物館

夏卡爾博物館在法國尼斯車站東面不遠處，但是王家煜帶我們從西南大街繞了一大圈，幸好我與貞婉都是初次到尼斯，對尼斯城感覺十分新鮮，尼斯以往有俄國人、羅馬人居住過，一面瀏覽偶見的俄式與羅馬式建築，步行並不感到勞累。

博物館在幾棵高大的棕櫚樹陪襯下，樸實的牆面顯得素淨大方。

夏卡爾（Chagall, Marc, 1889–1988）是出生於蘇俄的維捷布斯克之猶太裔畫家。十八歲到列寧格勒習畫，大部分時間在里昂巴克斯特學校研習，學得法國前衛的藝術。一九〇九年回返故里，曾畫了一系列有關猶太人生活的畫，使用了尖銳與最原始的手法，反映他在那個時期曾受簽署畫家的艱苦訓練。後來他到巴黎，發掘立體派，就把兒時村莊生活畫出來，一幅「給俄羅斯驢子及其他」是他最得意的作品。他仰慕的詩人桑德拉爾、雅各布和阿維拉，委託他做一系列果戈里之「死靈魂」蝕刻銅版畫。一九二〇年起十年間，他的繪畫從早期的尖銳轉變成抒情，而處理手法愈見流暢，其發展與多感的主題不謀而合。如情侶在花叢裡徜徉，喜悅地飄上天空等等畫面。

夏卡爾逃避主義的幻想要素，受第二次大戰影響極大，使他在一九四一年到美國，作品色彩趨於陰暗，飛翔的姿態則流露驚慌而非狂喜。他在美停留六年後返法國，戰後仍然作畫，並嘗試陶藝及石雕的製作。最著名作品是一九六四年為紐約聯合國大廈繪製的飛翔肖像。當年法國為裝修巴黎歌劇院時，也曾請他繪製天花板圓形的大幅壁畫。

夏卡爾博物館內僅有夏卡爾的十七幅巨畫，取材於聖經故事，每一幅面積各佔一面牆壁，左側間則陳列一些陶藝與石雕。小水池邊一面以馬賽克貼成的壁畫，是他親自製作的。右邊的展覽室展出他玻璃花窗設計稿與二〇五張素描。一九三〇年起一年半時間，夏卡爾為聖經做木刻插圖一百零五幅，石印七十五幅，這些作品就在這一間展覽室輪流展出。附近並有一大間演講廳，廳內舞臺上的一架鋼琴是經他彩繪過的，演講廳的玻璃窗之彩繪不消說也是夏卡爾的手筆，置身這座博物館內，感受夏卡爾「待客」的親切。

圖書館部分，除了周末與周日不開放外，其餘時間均對外開放，不過要進入必須徵得博物館館長同意才行，因為入口在館長室。內藏有夏卡爾藝術評論集及有關書刊，並有宗教史等資料。

夏卡爾博物館在法國、美國、義大利等地設有該館之友俱樂部，入會費每年一百二十法郎，大學生可享受減半優待。贊助會員入會費一千法郎，年費得繳五千法郎，以維持館內一切開支。平常一般觀賞者，門票十法郎，相當於大美術館的門票價格。

孟克美術館

今年七月我們從德國到北歐去，在奧斯陸看過雕塑公園之後，經過了另一公園而到孟克美術館，該館是挪威政府為紀念孟克興建的，是平房建築。

孟克（Edvard Munch, 1863–1944）是挪威畫家，為歐洲現代繪畫之開拓者、表現派之先驅之一。這位出生在蕾典貧民窟的醫生之子，幼時母親及姐姐染結核病死亡。在這種環境中培養成孤獨又敏銳的性格。一八八一年進克利斯蒂阿尼亞（現在奧斯陸）美術學校，受克羅格、黑埃爾達爾等激進派的影響，初期代表作：「生病的少女」、「春」，在生與死的震盪洋溢著哀愁的抒情味。一八八九年他舉辦個展，卻不幸失敗了，因之他在巴黎參加無政府主義運動，那時候他迷上了畫家畢莎羅、梵谷等人及日本木版畫。一八九二年應邀在柏林美術會展出，但是因彩色強烈與大膽構圖而遭非議，即收回五十五幅全部作品。往後結交斯特林都培利、伊布仙等人，加強畫的內涵，如「夜晚的卡路路約翰路」、「接吻」、「吶喊」、「人生過程」等，使用獨特線條與色彩，銳利地描寫世紀末的不安與孤獨。一九〇八年因神經方面毛病回挪威調養，之後回復到寫實主義，晚年趨向汎神論而神祕地隱居生活，畫的肖像畫，及所刻的木版畫，也都是極優秀的作品。

孟克美術館的格局有些像我國四合院，入口進去，映入眼簾是寄物處及售畫冊、畫卡的地方。轉過去為展示室，接著一大間會議室，壁上掛有六幅大畫。展示室一間接一間，到左邊一列最後三間展示室正展覽版畫，並有一木製的壓印機。展示室外是走廊，安置舒適的座位，供觀賞者休憩之用，透過玻璃窗看到中庭，一座新型的銅雕座落綠茵上，在陽光照耀下閃閃發光。

右邊一間為孟克研究圖書館。從左邊展示室入地下室，存放了孟克家族資料，展出其有關的畫片，照片及一些特殊用品。

這座美術館藏有孟克一百五十幾幅油畫，一百餘幅版畫，是研究孟克生平及藝術不可遺漏的去處。

這兩棟私人博物館，留給我的印象極深。較之梵谷博物館，畢卡索博物館精緻。今年七月間我們在德國柏林，並曾花了半天時間去找喬治・克伯博物館，卻找不到。我們再到柏林奧林匹克體育場附近找了許久，還是找不到。許多開車來運動的人甚至不知道這個博物館，只好等下一次來時再去拜訪。

七十九年十二月現代美術第三十三期

西德行

誠摯的友誼

有人說，在越是文明的社會裡，人情味越薄。在熙熙攘攘的商場中，談的是利害關係，人情幾乎不受重視。當然不會像農業時代的村莊生活的人情味濃。想到美國，父母在兒女家吃飯要給錢的可怕，不如歐洲，我在幾位外國友人家住，得到極好的接待，有過於我們這禮義之邦的國家。

這次歐洲之行，原是沒有預算去德國的，因為前年才去過。可是亨寧夫婦，熱情地邀請，及兩位在義大利西雅娜車上遇見的老夫婦，也函邀我們去他家作客，並要導遊當地名勝。因之，我們不得不臨時簽證去德國之行。

亨寧是德國烏倫市文化中心主任，前年與同夫人來過臺灣。亨寧是工程博士，夫人學醫，在烏倫大學任職。他倆在臺期間，曾經來過我家，在大里房子吃晚餐，大家聊得蠻投緣的，回德國之後，常有信件往來，除了讚美臺灣經濟繁榮，人民善良外，還邀請我們下次歐行時，必安排到烏倫作客，並強調烏倫大教堂是中世紀建造的，古老而美麗，歌劇院是最新型設計，值得我們一看，並且他要開車到慕尼黑機場接我們，安排住在他家。

亨寧家在多瑙河邊，離市區尚有十八分鐘車程時間，這個村落房舍整齊，每家前後都有一塊空地，供種植花草，正門有雙重門，客廳、餐室、廚房及儲藏間，厚木製的新型樓梯上二樓，有三間房子，我們的臥室安排在三樓，一大房間，另有兩間小一點房間。

房間內除了一大雙人床外，一套沙發，一隻能移動的小型書架，放置一些我們要去參觀的地圖及地方簡介與畫冊，大教堂、博物館畫冊，並為我拍攝一套博物館藏的木刻版畫幻燈片，及作家資料，以及我們將要去的科隆大教堂、美術館等資料都齊全，還有部分慕尼黑的美術館資料。茶几上一張記事：三日十時，學生林奇聰電話詢問陳老師，下午三時來過，送來一束鮮花，因為你們來到，約好明天八時再來。鮮花插在花瓶，放置在花几上。

我們到達烏倫市已經夜裡十二時了，餐室桌上，四人份餐具，蠟燭、花。並有亨寧夫人手製四份餐點及咖啡，待客之周到是我們想像不到的。

亨寧夫婦都有藝術愛好，看他家的陳設，壁間的畫作，都是上乘之作。有兩幅故宮名畫複製品，說是去臺中時，張市長與粘主任送他的，掛在上樓梯的牆上。

晚上，我們並未談很多話，亨寧只告訴我們，明天八時林奇聰會來，九時要開車到另一鄉鎮去參加他大兒子的結婚禮，並要為我們介紹認識他的家人及親戚。

林奇聰原在德國北部攻讀博士，開了十二小時車到烏倫找我們，並要帶我們遊覽北部風景幽美的海濱，現在正是度假好地方。因為亨寧這裡安排了四天時間，四天後才能離去。林奇聰到海德堡去等候。

民間婚俗

林奇聰走時，告訴我，送人結婚禮物最好是花。

九時，亨寧的車上，把收音機天線抽上來，綁上了一條白色彩帶，代表是辦喜事的車輛。貞婉要亨寧把車經過花店時稍停片刻，她下車買束鮮花，亨寧夫人與她同去，選些新郎新娘喜愛的花。

車子開到多瑙春鎮，市政廳廣場，有一座神父銅像，說他是一位傑出哲學家，鎮民以他為榮，建此座銅像紀念。

在市政廳見到新郎與新娘。新郎今年獲得博士學位而有了固定工作。中等身材，圓圓的臉留了小鬍子，一身白色西服，紅領結。新娘很美，一身黑色花紗衣裳，黑色短裙，黑色長襪，高跟鞋，連同頭紗都是黑色的花結，手執白百合，一副電影明星姿態。他們已有一小男孩，一歲半了，名叫小馬丁。

十時左右，證婚人來到，他是亨寧請來的，地方上有聲望的人。婚禮在會議廳舉行，正中間為新郎新娘座席，面對證婚人，其旁座席為男女方父母。兩邊席位是親戚及至好友人。這是由家長出面邀請而來參加的，一般友人及同事，得俟下月在教堂的婚禮時，發喜帖邀請參與，並大開酒席請客。那時候，也像我國鬧洞房，喝酒，甩碗盤，這種習俗，說是可以驚走一些邪惡魔鬼。

結婚必須二度儀式，第一次在市政廳，僅有親戚至友。第二次在教堂，可請許多人觀禮及大請其客。這次婚禮，我們被認為是他們至好的外國朋友，他們都熱烈地歡迎我們。證婚人說了許多婚後必和好相處等話，也祝福新人永結同心。歷經一小時多才完畢。然後，新郎新娘接受父母的祝福，亨寧夫人把一只項鍊、耳環、手錶給新娘帶上。親戚們獻花祝福，貞婉獻上花，說了些幽默有趣的話來祝福他倆。

中餐在一家餐館用餐，餐館主人特地佈置好一廳，用彩色紙條及鮮花。按座席坐定之後，菜是由各人自選。這餐館與法國不同，分為三部分，第一道副餐菜，第二道主餐菜，其量之多，西餐館少見的。第三道水果飲料。

餐後新娘父親雷富樂老教授，是位學者，戰後被擄到美國去坐牢，能講一口好英語，他要帶我們去看古堡，由亨寧開車。古堡就在附近一座山谷，山下是他們的別墅，他們一大夥人都要去古堡吃點心，喝咖啡。點心是亨寧夫人手做的十餘種不同蛋糕及派。

我們看古堡後回到別墅來，與他們一起吃點心。人都到齊了，坐成一長列桌子，咖啡、各式蛋糕隨意取用，非常豐富的餐點。

回到家，晚餐我們僅吃一點水果。

渥之堡

雷富樂老教授對這座渥之堡很熟悉，堡在山上，最近德國政府撥下一筆款重修過，堡之大，一彎列房，兩層或部分三層，堡的正門寬大，門眉掛著一狼骷髏頭，老教授說是這山上最後的一匹狼之頭骨。堡牆是大石塊砌成的，上面走廊及堡房都整修完善，可是沒有人住，參觀者也無須買票。

我們沿著堡外山路走，原來這有護堡河，現在已經沒有了，僅殘留著一二石板橋痕跡。山路忽上忽下，老教授走在前面領路，身體蠻健康的。他指著這，指著那，說個不停。有時也會看到石雕像，什麼神，大概是保護這座堡的神。

「這古堡可否鬧過鬼？」我問。

「鬧鬼，那座古堡不鬧鬼，只要你不信，就沒事了。」

想起上次，我們萊茵河之行，沿途看過許多古堡，有的已改為青年服務社，低廉費用供青年人投宿，要是鬧鬼，誰敢住。

「掛著那狼頭骨，可以避邪嗎？」貞婉問。

「可能是吧，也可能是一種裝飾物。」

站著，遠眺山下的村莊，渥之堡真是好地方。這古堡十一世紀建的，算是相當古老。

老教授指著小路旁的一些野草，細細枝葉，長出一串串小條豆，向我們說：

「你們知道這是叫什麼草名嗎？」

「什麼名？」大家反問他。

「勿碰我。」

「勿忘我！」

「碰我，不是忘我。」

老教授把手指向那小長豆一碰，「拍」一下豆裂開了。蠻有趣的。大家都來試試，小豆

「拍拍」地開了。真的是「勿碰我」。

科隆大教堂

據亨寧說，科隆大教堂是在一二四八年動工，到一八八〇年完工，歷經六百三十二年之久，為世界建造最久的教堂，烏倫大教堂卻是後蓋，知道科隆教堂高度為五十五公尺，烏倫教堂卻把塔尖改加高五公尺，算起來，比科隆大教堂還要高些。

在亨寧夫婦導遊下，我們參觀了烏倫大教堂，的確是宏偉。當二次戰爭時，烏倫市幾乎被轟炸成一片平地，僅有大教堂仍然高聳屹立不動。因此，烏倫市民有信心，「教堂不倒，烏倫市能重建起來。」大教堂是哥德式建築，四周聖人故事雕刻，及正門壁間的聖人雕像，與其他大教堂一樣都是用藝術品堆積起來的，圖案刻用花玻璃窗，內部的大柱子，天花板拱形變化，令人嘆為觀止。

看過大教堂之後，我們還去看一巴洛克式建築，本篤會教堂，內有一大型圖書館，然後去大學城區，在一小山坡上，學校成立不久，一切建設都是新的，部分剛完成的，我們參觀亨寧夫人任教的醫學院，校舍設計新穎，也非常實用，真是可給我們辦醫學院的大學作為參考的。

去到科隆，已經天黑了。我們一出車站，就可看到大教堂就在左側，因為地基高，要上三十石階，方能到廣場，教堂四周燈光照明，顯得特別美，特別宏偉，不是烏倫大教堂可以比的。貞婉高興地喊出聲來：

「好美的大教堂，不愧為世界之大教堂。」

我們住的旅店可以看到大教堂的側面。老板驕傲地指著教堂說：

「世界第一。」伸出一大姆指。

老板已有七十歲了，年輕時是位足球健將，曾經往各地區比賽，看他陳列在客廳的獎牌及獎杯。

「足球，你也是世界第一。」

老板哈哈大笑，好開心。

我們去大教堂廣場看夜景，不只大教堂在燈光照明之美，而周圍的一些露天音樂家之彈彈唱唱，也吸引了不少觀光客。

第二天八時，我們進了大教堂，內部更美，許多精美的木雕。值得誇耀的地下室，可通達市政廳地下室。現在尚可看出羅馬人時代的地下廣場遺跡。這是一九四一年挖掘防空壕時發現的，二世紀的戴奧尼索斯（希臘酒神）巨大的鑲嵌畫像，還可清楚地看出來。

羅馬人教堂也在此附近，也為觀光客必看的教堂。

從大教堂向南伸展的大街，便是市中心。

海德堡大學城

與林奇聰約好，十時到，他到車站來接。這地方他較熟悉，每年至少要來幾次。

自「學生王子」在此拍攝之後，海德堡以大學城聞名。

此城在一三八〇年繼在拉格、維也納而成為第三個德國語系的大學城。至十八世紀初葉，一直都是選帝侯法魯茲伯爵的居城。被歌頌為「海德堡，你是愛古之都。」

若想觀賞，最好到橫跨內喀爾河的卡爾、德奧特橋的北端，從舊市街的對岸，眺望綠油油森林中的紅砂岩築成的海德堡。

當時歌德在小山修築一條散步道路，早晚散步其間，欣賞這一帶內喀爾河的美景，攫取靈感。

邁耶・福斯特的〈懷念海德堡〉文中，描述主人翁亨利王子就讀於以啤酒、戀愛、歌唱，吸引世界各地學生來就讀海德堡大學。大學東側為學生宿舍，沿著這條道路走，就是當時聞名的「紅公牛」，學生生活酒店。

車子穿過這條中世紀舊街小路，城東兩百公尺的小山上，就是海德堡，十世紀法魯茲選帝侯所建，當時費盡苦心，融合了哥德式、文藝復興式、巴洛克式加以擴張而成的。進入雕著穿戴有盔甲武士的正門，周圍並列腓特烈館、英國館、鄂圖亨利館等的建築物。此外在地下室有二十二萬公升的巨大酒桶，德國醫學博物館及英國式庭園。

林奇聰又將車開過橋的北端山上，遠眺海德堡，坐在山上，略作休息。

北部海濱度假

林奇聰住在北部一小鎮，一位德國人家中。他要我們到北海濱去度假。亨寧與雷富樂老教授都贊成我們去北部，美術館、古堡、大教堂看多了，去北海濱玩玩，可放輕鬆一下身心，並且，那兒氣候宜人，景色幽美。

從海德堡開車要八小時，沿著高速公路走，兩旁大多是森林。到了小鎮，我們被安頓在一家三星的旅店，這家旅店正好一個日本教授旅行團住這裡，我們的房子分配到第三幢店去，老板給了兩支鎖匙，一是開店門，一是開房門，出入非常方便。

天色暗了，林奇聰仍是不疲憊，晚上十時要帶我們去大學宿舍區一帶的啤酒屋喝酒。真是名符其實的啤酒屋，每人手上啤酒一杯。找了好幾家，都沒有空位，三五成群地坐著或是站著的，酒，除啤酒之外，沒有其他的菜餚。有人在唱歌，也有人在跳舞。

找到了一個座位，要了三杯啤酒，邊唱邊看，他們歡樂，我們也就歡樂了。

男的，女的就是這麼一杯啤酒，店中這麼小的舞臺，他們享受著夜，夜是他們的，歡樂也是他們的，我們能分享到一點，今天的勞累，也都消除了。

不只是青年學生，也有年老的長者，這麼一杯啤酒對他們是多麼重要呀！

我們走了，需要休息，明天要去海濱。

我實在記不清楚是什麼路，經過什麼村莊，這都不重要。可是我看清楚那美而乾淨的小村落、樹木、花卉都照顧得那麼好，德國人生活品質之提昇由此可見。

林奇聰常開錯了路，有時候在一個地方轉了二三次，才找到要去的道路。

到了，把車停在停車場，那一大片綠地，緊接著就是一大片的白沙，沙灘上海風大，看他們排列著的遮風傘，像以前的三輪車樣子，就是沒有輪子，戲水之後，躺著曬太陽，人生最大的樂趣。

當我們坐下座位的時候，一位瘋瘋顛顛的中年人來到我們跟前，會說華語：

「東方人用傘遮太陽，德國人脫衣曬太陽。」

一點也不錯，記得幾年前，在羅馬梵蒂岡聖彼德大堂廣場，教宗做彌撒，望彌撒的教友三萬多人，其中四把花傘舉起來，那就是我們的同胞。

我們又到另一處海濱去，這裡在沙灘上有一條寬大的水泥大道，靠街的一邊有欄杆，乾淨的靠背椅子，供人坐著看海，海鷗看到有人，會來覓食。

小街店舖，大多是賣冰淇淋或是餐館，在這裡用餐不會很貴，非常實惠。

太陽下去，海波閃爍著一片金黃。我們散步在大道上，讓影子畫得長長地。

「明年暑假，你們來此度假，我預先租好一幢小屋，可以自己煮東西吃。如果人多，可租大一點的，兩間房的或三間房的。」林奇聰說。

「邀好朋友一起來度假。」

童話之城不來梅

北部，不來梅是個大城。從前威悉河畔的漢撒都市，逐漸發展，與外港不來梅結為一體。

林奇聰在車上提起四隻動物，什麼動物？驢子、狗、貓、雞的「音樂隊」，趕走了強盜的故事：一隻工作多年的老驢子，精力用盡了，主人想把牠殺掉，牠覺得風聲不對就逃跑了，牠想，沒有力氣工作，可以到不來梅去當街頭音樂家。走了很遠，發現一隻狗，很失志地躺在路旁。

「獵獸的，你怎麼會躺在這裡呢？」

「唉！我老了，不能去打獵了，主人要打死我。」

「我要去不來梅當街頭音樂家，你可以參加表演，我彈琴你打鼓。」

狗很滿意地跟驢子走了。走了一些時間，遇見一隻貓，睡在路邊。

「啊，老鬍子，有不如意的事嗎？」

「生命有了危險，還會快樂嗎？都是老了，常常睡在火爐邊，所以主人要把我抛到河裡去淹死。」

「如果你想活下去的話，跟我們一起走，到不來梅去當街頭音樂家。」

貓覺得很好，就和牠們一起走，當三個亡命者到了一個農莊，一隻公雞在門外，拼命地啼叫著。

「你在叫什麼？現在又不是早晨。」

「我還能報曉呀，可是主人明天要請客，要把我殺了燒湯。」

「唉，你若不想死，跟我們一塊逃走，到不來梅當街頭音樂家。」

公雞高興地與牠們一起走，牠們走了一天，還不能到不來梅城，傍晚到了樹林裡，要在此過夜，驢子和狗睡在大樹下，貓和雞爬上樹去，牠向四周一望，發現到遠處有燈光，告訴同伴，知道離這裡不遠有房子，牠們想去看看。走到那裡，大門關著，窗口太高，商議結果，驢子背上讓狗站著，然後貓爬上狗的背上，最後，雞上了貓的背上，可以看到屋內一席豐盛酒席，強盜們坐在那裡正想要開動。

「食物正是我們所需要的，大家都餓了。」驢子說。

因此，牠們想出趕走強盜的方法，一切準備好了，一個暗號，驢子嘶叫，狗狂吠，貓咪咪叫，公雞喔喔啼，然後撞著玻璃窗，從窗子闖入房子，自空中而下，強盜們以為是什麼怪物進來，紛紛地逃跑了。

四個亡命之徒得到一餐好的吃，吃完後，各自找個睡的地方睡覺去。

以後，強盜首領派了一個人去看個究竟，那強盜被牠們咬，抓，皮破血流地逃了，再不敢回來。

故事講完了，車子也到了不來梅的市政廳廣場，這四動物的銅像旁停下來。

「就是這四隻動物。」

大教堂是在十一世紀建的聖貝特利大堂，連著附近幾幢古式大廈，富有古城風味，帶有文藝復興風格的市政廳。馬爾克特廣場至今仍殘留中世紀的面貌。廣場一巨大羅蘭騎士的雕像，是紀念脫離教會統治而贏得市民權利自由的象徵。

一條熱鬧非凡的大街，不准行車，專是步行的人，街中心有一群豬與一位飼養豬的人之銅像，不知又有什麼童話故事。而這裡的許多商店門外門內都喜歡有些雕塑品，是旁的市區看不到的。

畫家村

不來梅東北不遠有一畫家村沐詩菲德（Worpswede），住了十幾位畫家，因為這地方大，而在小山坡，房舍也是十分零落，沒有德國一般村莊的房子整齊美麗。而且在山頂坡地是公共墳墓，有些陰森森地。

入口地方一家平房式的畫廊，一家陶藝品店，服裝設計店及幾家飲食店，就沒有什麼可看的了。

畫家村類似法國楓丹白露旁的巴比松，米勒等人聚集在一起一樣。畫廊是住在這裡的畫家共同經營的，除了賣畫及畫冊之外，也有一些銅雕。出入畫廊必須買門票，藝術家可優待免票。

來此買畫的，大部分是外國來的畫商，經營畫的買賣，看他們一買就是好多，這裡價格比較便宜，打生意算盤是正確的。

畫家的家是不給參觀的，每家不同，園庭卻很大，有道矮圍牆，極少有人整理過，如同畫家的臉上鬍子，經常不刮的。

以景色看，這裡比不上巴比松。巴比松的田野、森林、溪流都很美。而這裡卻有荒涼的感覺。

林奇聰是來過兩次，他帶我們上公墓去尋一位意象女畫家寶拉・孟德爾松・貝克(Modersohn-becker, 1876–1907）的墳墓，這位短命畫家，生產後不久死的，她生前友人在她墳上雕一座銅像，一位全裸女郎抱著一位小小孩。

「就是她，三十一歲就死了。我好喜歡她的畫，房間掛了她一幅複製品。」

林奇聰喜愛貝克的畫，貞婉買一本她的畫集送他，他好高興。他有收穫，問我如何？我也有收穫，買了一本畫集是這裡許多畫家的。一幅石版畫。

法蘭克福所見

幾年前在義大利車上遇到德國母子兩人，那青年人很喜歡旅遊，走過歐洲各地，就是最不喜歡法蘭克福，其原因是市容太雜亂，沒有本地方之特色。

我們去法蘭克福重點放在美術館，因為美術、古代雕塑館都是在同一條路上，不必再走其他地區。所以又去羅沙・希爾舒克拉賓的小路上探訪歌德故居，北鄰是歌德博物館，這館展出歌德生平生活資料及作品，同時展出歌德收藏的許多繪畫。

一到法蘭克福，便可看到兩幢高聳一百五十五米的銀行大廈，外表全是玻璃的。聞名的手工藝品博物館，卻只是三層樓房，為理查德・邁耶的「白色」傳統建築。在羅默堡廣場，背後卻是一排排重建的中古時期的房屋。相比之下，理查德・邁耶設計的，卻與傳統風格澈底決裂，它的三個角形砌塊建築被來自四面八方的燈光所照射。而大部分新博物館建築物則傾向於恢復早期設計構想。

法蘭克福的摩天大樓特別蓬勃發展，有人計劃建造二百米高度的大樓，要創下歐洲史無前例的記錄。

貞婉說，法蘭克福使她認為最美的一條林蔭大道是去美術館那靠美因河邊的槭樹下大道，有河流、有樹、有街路，走起來不會覺得勞累。

這裡是西德空中門戶及經濟、交通中心，而奠定法蘭克福有今天的地位，乃是金融市場，不僅是聯邦銀行，幾乎所有主要行庫的總行都設在這裡。

七十七年十二月三日西子灣副刊

建築怪異的斯圖加特國家美術館

今年（七十九年）六月中旬我到德國去，在亨寧博士家住了一個月，那滾滾而色濁的多瑙河畔，一片青綠。亨寧為我們安排參觀許多博物館、美術館，也去看了幾座巴洛克時期的教堂。七月十一日，他開車送我們到斯圖加特，因為次晨八時，我們就得從此地機場飛阿姆斯特丹再轉機回臺灣。

斯圖加特（Stuttgart）在德國算是大城市，我與貞婉是舊地重遊，前次因為行程安排倉促，僅停留兩三小時就搭車去烏倫，未在此地逗留。這次我們則早一天到此地，因此可以參觀國家美術館。

德國藝評家伊絲白・貝雅歌（Elsbeth Berg）邀我們去她家午餐。德國人做事很仔細，她為我們設計了一整天的行程：早上七時在烏倫上車，五十分鐘到達她住的鎮上，她開車來接。餐席上提及我們將要去斯圖加特，她讚美那國家美術館的獨特設計，類似煉油廠的外型，使參觀者有清新感，說到像煉油廠，我聯想到巴黎的龐畢度藝術中心（義大利工程師設計）。興建的當時，引起許多法國人不滿，他們吵吵鬧鬧，抱怨把藝術殿堂弄成煉油廠似的。龐畢度的特點是能把展出場地調高或調寬。

斯圖加特國家美術館的設計出於英國人手筆，座落在一塊坡地之間。亨寧開車迷了路，不料上了坡，遠遠看到兩筒像電動刮鬍刀的排氣筒。

「終於找到了！你們在此下車，我去找停車場。」

我、貞婉與亨寧夫人，沿這兩個顏色鮮豔一綠一藍的排氣筒，旁邊的路步行下去。

斯圖加特國家美術館於一九八四年三月開館，從下面正門進去，目前只有上下兩層在利用，地下層部分尚在修理。我們剛才從左角道路下，看到左方下許多雕塑品包上塑膠紙暫安放於室外。道路很寬大，約有五公尺。沿邊牆頂上，迴旋兩條淡紫及藍色的鋼管，看似扶手，卻因太粗而不能當扶手用，其內裝置燈光。牆是用淡黃及淺灰的石片貼飾，排置成橫條狀。有二三處並有綠色鋼條嵌上黑玻璃的流線形玻璃牆，在陽光投射下，非常優美。出入口是兩個紅色圓柱狀的，而走近即自動開的玫瑰旋轉門，一入一出並置。進大廳，靠玻璃牆下隨著牆的彎曲的座位是棕色沙發。柱子與電梯之鋼架是深藍色的；人行階梯漆上黑白相間條紋；室內是清一色白牆，除了大廳外，全舖上綠色地毯。整館自然採光，屋頂是玻璃的，天花板是霧玻璃，萬一天暗，天花板與屋頂間的燈光就會亮起來。

當時，樓上的第一到四十二陳列室，正展出古代德、荷、義大利的十九世紀及古典現代畫派、當代畫家作品，作品相當豐富，有柯拉納哈、杜勒、魯本斯、哈爾斯、林布蘭特、柯洛、庫爾培、馬奈、莫內、畢沙羅、雷諾瓦、西斯禮、塞尚、高更、西涅克、羅丹、紐曼、畢卡索等大師作品。作品與作品間隔很寬，看起來不致過於疲累。

下層除進門處大廳外，尚有間大型講演廳及四間陳列室，並有德國畫家作品展及版畫展。休憩地點到處都有，而佈置得十分雅致，就像一座透明電梯旁的一組黑色沙發就是休息的好地方。

幾個陳列室有門可通咖啡室，室外紅藍陽傘下的舒適座位，許多人在欣賞作品後，到這裡坐，喝一杯啤酒或咖啡，欣賞低處的斯圖加特市景，十分心曠神怡。

依我看，這美術館似乎擔起市民的休閒生活，市民們在工作之餘常到這兒來，休息一下，喝杯咖啡，談談笑笑。德國國家美術館是不收門票的，來此喝咖啡的人，有時也去欣賞一下名家的畫，這樣一來，原本不喜歡看畫的人，也慢慢地改變習慣了，美術館的推廣工作在生活中不知不覺地進行著。

我在第十四陳列室看到十件畢卡索用舊木條釘成的人物作品，遇見一群外地來的青年，其中一位指著作品說：

「像這樣也算藝術?我釘得比他好！」

「這是畢卡索的，你要學他，就不算是你的作品。」

他們談著談著步入第十五室，那青年一個不小心碰到一位蹲在地上擦地板的婦人，那青年很快地道歉，引起旁觀人的狂笑。

「她是件作品，小心碰壞她。」

「這個做得真像。」

管理員過來糾正他們，要他們用眼睛看，用心靈去感受。不可以在陳列室嬉笑。

出了美術館，亨寧說要找一處義大利咖啡室坐坐。車子轉過大廣場到停車場停車，輕鬆地遊覽一下斯圖加特市，轉了一圈，又回到大廣場，所見的許多雕塑中，柯爾德的動感銅雕最高，引人注目。

我們在一家中國餐館請亨寧夫婦吃晚餐，餐館女老闆看到有中國人上館子，特過來問候。她說先生是工程師，她自己開家餐館，有十八年之久。她強調這裡的美術館。

「我們特地為它而來斯圖加特的。」我說。

「好極了，凡是到此地的中國人，我都介紹他去美術館。」

「建築上很特別。」

「它彷彿是斯圖加特的代表，不像巴黎的龐畢度藝術中心。由於斯圖加特是個山坡城市，美術館之建築不能不與之配合而做特別的設計。」

老闆娘看看我們說：「你們是藝術家？」

「他是畫家。」亨寧指著我。

「好極了，我最崇敬畫家。」

老闆娘拿了一本小冊子，要我簽名。

我們用過晚餐。老闆娘送上水果及冰淇淋，心中竟感覺暖暖的。

正如女藝評說的，住在富有藝術氣氛的地方，藝術家比較受人敬重……。

七十九年八月現代美術第三十一期

普勞格倫修院的沒落

在德國我住亨寧博士家，他會帶我們去看許多地方。

明天要去藍普勞河上游，巴特普勞地方看巴洛克式的教堂。亨寧太太特別興奮，準備明天中午野餐食物，除了四份義大利醬麵之外，還帶了一個蛋糕。

「你們沒有來，亨寧與我一天忙到晚，而你們來了，我們有個機會可以陪你們出去玩玩，輕鬆一下工作的緊張氣氛，真好。」亨寧太太說。

「那裡風景幽美，我也有十餘年沒去了。」亨寧說。

次日早晨，把折疊椅、桌，搬上車後面，一簍吃的喝的東西，也搬上車。我，貞婉與亨寧夫婦四人一車，開向那河與山之間馬路。今天是個天雨初晴的好天氣，樹葉在陽光下光亮亮地，非常可愛。

三小時車程到了巴特普洛村，就看到格倫修院，這修道院佔了村子的三分之一。修院靠山與湖之間，那高聳的鐘樓遠遠可以望到。據說普勞格倫修院原先是黑森黑燒修道院的幾位修士來此，感到此地景色幽美適合修道。一〇八五年在此建造日耳曼型哥德式的建築，十五世紀末葉全部以巴洛克式改建，舊的只留哥德式的鐘樓，修院面積廣大，那時候法波立院長（Heinrich Fabni, 1475–1495）得到烏登堡伯爵的資助而請當時的科伯連斯名建築師彼得設計，興建這座大規模的修道院，為德國培養了許多有名的傳教士而聞名。

本世紀末，教會不振，教友愈來愈少，進修院的修道生也隨著少了。修院沒落到無法維持，只好把這神聖地方，開放供遊客參觀，靠賣門票維持開支。

亨寧去買門票，連那張小小的說明書也得花錢買。修院本來是拒絕參觀的神聖地方，現在卻人出人進的。

格倫修院能號召大家前往欣賞的是高祭壇（Hochaltar）巴洛克式的建築，祭壇的木雕藝術為重點。

祭壇特別高，雕刻十分精緻。據說主持木雕的師傅是刻製烏倫大教堂木雕師的後代喬治・厄哈德主持，數十位助手精心製作。繪畫部分由紫特步侖及史特立格和一位失去姓名的畫家手筆。就耶穌最後晚餐到復活過程十二幅壁畫看，是相當好的畫家。神龕有兩道門，關著正面四幅畫，三幅小畫，打開第一道門，有十六幅畫，描寫施洗者約翰到死的故事，再開第二道門，正中是聖母抱聖嬰，兩邊二位聖人，兩扇門各一幅及四小幅小畫，畫與雕刻互相搭配。祭壇下兩旁為主教、神父、修士、修女之座位，全是精緻木雕。在歐洲除了比利時的安德維普一座十一世紀教堂的精緻木雕外，就是這裡的木雕了。刻的都以教會人物為主，神龕中的浮雕及畫師彩繪，祭壇下兩旁的人物半身像，栩栩若生。

在教堂中另一件可看的是玻璃窗，由於那故事的彩繪，使整個窗圖案化。我在祭壇旁一個房間，找到那古老的木雕及石刻，已殘缺了，大概是原先建堂的產物，改建時留下來的。

除了祭壇外就沒有什麼值得參觀的了。那一大片房子一間間都是空著，寬大的走廊，十字型的建築物，中庭的花園，都整理得不錯，各色各樣的花，開得很美。

二樓的四面，三面房子為修士神父的住房，一面是工作人員的宿舍，那是不給人參觀的，大概十分之九都空著。

在亨寧的印象中，這修院常租人家辦活動，地方大，房間多，景色美。

我們出了修院，在橋上依欄眺望湖上，湖水一片清淨，旁邊楊柳的倒影，長柳條沾著水面，野鴨穿梭，畫上了層層波紋。我換另一個角度看，白牆的修院，印在湖上十分美。在我的腦際中總有一層除不去的陰影：像這樣一座完美的修院，竟然沒落到供人參觀的地步，我為德國教會而悲傷。

從小橋走上小街，僅有的幾家賣紀念品及飲食店，大都因生意不好關了門。一間用水車磨麥的，仍然可以聽到運作聲音。

今天氣候有些類似臺灣，一會晴天，一會雨。來此參觀的人不多。一位攝影家，鏡頭對準修院片片白牆襯著青綠樹木，拍湖面的倒影。我們走過，正好入他鏡頭。

「有人更好，免得修院太寂寞。」他走來謝謝我們。

七十九年十一月四日中華副刊

渾德法瑟的夢幻建築

在西班牙，我去巴塞隆納是為了看高迪的奇異設計聖家大教堂之建築。教堂蓋了一世紀，尚未完成，還在建造中，恐怕還得再半世紀或一世紀的時間才能落成，現在只完成十二座高聳塔的八座最高的。它已被列入世界十大教堂之一，也是唯一脫離羅馬式哥德式的教堂建築方式。

我們在維也納卻無意中發現一座五十戶的大型公寓，以其外表看，卻完全脫離了一般直線式的建築法，曲扭型，塗上許多不同色彩的油漆，連窗門都高低大小不一的房屋，這就是渾德法瑟的夢幻建築（Hundert Wasser's Architectural Fantasy）。

建築藝術是美術圈內重要的部門，它綜合了造型、雕塑與繪畫，空間與光線的搭配，地理的文化背景，產生出個性的特色。

近世紀來，人口膨脹，住的房屋不能不向天空發展，因此，近代的火柴匣式的大廈，冰塊型的大樓建築盛行一時，也就沒有個性的建築了。

高迪的建築主張回歸自然型態，而渾德法瑟卻要實現他的夢幻。

渾德法瑟原是奧國的畫家，中年以後，想要改掉那千篇一律，毫無情感的冰冷的住宅房屋，而造成夢幻的，遠矚的，繪畫的住宅。當他把這座公寓設計完畢之後，提交市政府，並親自去說明設計的心得，強調其特點，頭頭是道，使市政府免為其難地同意他的設計。圖樣發表了，許多報紙攻擊他是環境保護生態的破壞者，設計出來的公寓以譁眾取寵，標新立異而已。這樣一來，他的繪畫作品卻贏得了極高的評價，繪畫在各地美術館展出，售價節節升高，並得奧國國家藝術大獎，首相布魯諾・克萊斯基（Bruno Kreisky）特別讚賞渾德法瑟。因之，維也納市民只好容忍，不敢再作抗議了。市政府承辦官員卻以批准歸批准，渾德法瑟的設計通過之後，仍然可以引用規章予以修改，不必擔心。

一九八〇年，工程由當地傳統直線式建築師約瑟夫・克拉維納（Josef Krawna）的建築公司承包，不到一年，無法建下去，而辭去不幹。市政府另找一位年輕建築師彼德・佩利肯(Peter Pelikan）接替，他比較能與渾德法瑟配合，而理解渾德法瑟的用心。

為了不使市政府官員再三想塗改他的圖樣，渾德法瑟在工地搭建帳篷，長住工地，親自督建。

夢幻公寓於一九八六年完成，花掉四百萬美元，每戶租金約為二百零七元到三百二十七元，與其他公寓的租金差不多。維也納市容從此不同了，由市中心搭紅邊公車往多瑙河觀光，自羅文街到開格街都經過此地，看到夢幻公寓使人感到彷彿去了一趟拜占庭，這金頂的住宅公寓，宛如浮在海上的威尼斯，又如巴比倫遷到這裡來。它像一塊翠碧的生地，五花十色地鶴立在都市區內。又如一盞燈籠發出亮光來。

我站在公寓前許久，對這座如夢如畫的房子發生興趣。房屋最高處有十層，低處只有五層，每層的直線都不直，曲曲扭扭地，窗門高高低低，大小不一。每層每戶外牆漆上不同顏色，門窗上弄上一小塊與底色不同顏色，牆的油漆中也能看到有若干塊以馬賽克嵌鑲的方塊，點綴在彩色牆中。窗外加添不同的油漆，窗框有突出牆外的，也有縮進去的。高低牆的頂端，用磚塊砌成一段，不加粉刷。屋頂植有兩百餘株小樹木。最高的屋頂有兩個洋蔥形圓拱形屋頂，一漆棕色，一漆金色。低處屋頂有個像古老火車頭的煙囪。看起來有點像是拜占庭產物，也是渾德法瑟在繪畫中常出現的東西。

我從公寓下繞行，自大門前的噴水池，那圓葉形的一二三級，由小而大，各層水自葉縫流下來。入門走廊的牆壁才怪，牆是不平的，有突出些的豎直條或凸出的小圓塊。壁間仍然分段油漆不同彩色，隔色處嵌鑲一條馬賽克，也是不同顏色。在樓梯前壁間，馬賽克嵌的一株向日葵。除了這大的樓梯為公共用之外，有許多小的鐵旋轉式梯，為每戶人家專用的。

有些柱子，作瓶形狀，顏色極濃，大紅大黑，有一座半圓的裝飾品，以馬賽克嵌鑲的圖案是黑色的蛇，紅女人，紅獅子，黑蠍等。

夢幻公寓實現了渾德法瑟的夢，與繪畫，是否能有遠矚，市民之批評不一。不過許多觀光客除了去博物館、美術館、皇宮、大學城之外，這裡的夢幻公寓也為觀光客所矚目的地方。

據說，夢幻公寓蓋了六年，而渾德法瑟時日不離地在工地監督，甚至於在鷹架上爬上爬下，自己動手參加製造。他那件黑格子藍衣服，藍色帽子都沾上了彩色，這成為渾德法瑟的標誌。彩色是他工作時沾上的，而他臉上的白鬍子，卻是絞腦汁的時間，把他原來的黑鬍鬚染為白色的了。

七十八年四月十四日中華副刊

西班牙風情

巴塞隆納的夜市

人，總是白天工作，夜晚休息，但是有些人卻相反，夜晚來臨才開始活動。德國鄉間，白天工作，晚上回家，吃過飯洗過澡，衣服一換，到啤酒場去，三五成群，買一大杯啤酒，在那兒談著、唱著，或是舞著，直到深夜才回家。巴黎的夜總會，有錢人在此度過，青年人卻到蒙馬特聖心堂四周青草地上，說說唱唱，有彈奏的，也有跳舞的，或是到塞納河畔咖啡座，也能過著快樂的夜晚。本省的夜市，大都是臺灣小吃店，賣成衣、舊書攤，雜七雜八的，什麼都有。近些年來，臺灣的啤酒屋興起，與德國不同的是喝啤酒也吃菜。

去西班牙已是第二次了，這次從法國南部乘火車到西班牙巴塞隆納，巴塞隆納是下一屆奧運（一九九二年）的主辦城市，令舉世矚目。我們到達巴市時，天色已經黑了，安頓在一條古老舊街的一家三星旅店，開窗望到對面大樓，店面全是雕塑，古老的建築，看看我們住的，雖是古老，卻沒有那麼豪華。老闆強調，這旅店雖然不很現代化，但是地點好，近博物館，大教堂，也近夜市大街，生意是天天客滿。我們按老闆指示路線去看夜市。

「出店門往右直走就到夜市。」

雖是晚上十一時，夜市卻正熱鬧的時候。這條街都是舊街，房子都有藝術雕刻，十五世紀以前所建造的。直走通到夜市大街，馬路寬大，小石塊舖的人行道，兩行高大的槭樹，中央為行車道，晚上，這條道路不通車，供夜市往來人潮之用。從人行道到樹下，擺滿各式各樣的餐桌椅，大部分是做餐飲生意。走累了的人，坐下來，喝杯咖啡或啤酒，觀看那不同人種的觀光客，是一件樂事。

其次是藝術品攤位甚多，那些無法在畫廊展畫的藝術家，把自己的畫作擺展著，現畫現賣的也有，甚至於為客素描或剪影。各種不同風格的畫，大的油畫至小的剪紙，價格便宜，受觀光客所喜歡。

雕塑品與陶磁也不少。還有一些各地來的手工製作的首飾物品，非洲、埃及等地來的，也為許多人所喜愛。

一項用紙牌為人算命的攤子，幾張紙牌讓客人翻翻，再按順序排列成十字，然後說出這個人的過去與將來的運途，並能告訴他在什麼時候禁忌些什麼，那些事可作與不可作。

另一些賣雜誌及紀念品、風景卡片。電動玩具的，會走會叫的小狗，會爬過高處的汽車等等。

燈光不亞於白晝，全長有兩千公尺左右，我與貞婉，放著輕鬆腳步，遊覽著這些藝術品，有些俗氣的，也有高雅的。累了，找個座位坐著，叫兩杯啤酒，看著那些奇奇怪怪的觀光客，確是件有趣的事。

巴塞隆納氣候炎熱，夜市走的男女大多穿著簡便、背心短褲。也有穿著整齊的黑人。

「在巴黎街頭也是黑人穿著整齊的西裝結領帶。美國人穿著最隨便。真是怪事。」貞婉有此感覺。

「女黑人上街，單是做頭髮，掛金項鍊。比男的更為引人注目。好像告訴人家，黑人不錯，與白種人紳士化。」我想這個道理。

在巴塞隆納市，可以看到一些怪髮型、怪服裝的人，誰都不會被譏笑或輕視的。警察很多，十步可遇一位，才能維持這熱鬧夜市的安全。

瓦連西亞的桔子

賣東西靠廣告，廣告做得好，商品銷路就不錯。在西班牙瓦連西亞的桔子，猶如臺灣人知道麻豆文旦一樣。麻豆文旦以柚子的品質而全省皆知，不只是臺灣全省，連同日本人也懂，因為日據時代，臺灣總督是以「麻豆文旦」敬贈日本天皇的禮品。

西班牙人本來很會做生意的，單說瓦連西亞的桔子，銷遍歐洲各地。在巴黎，我曾經買過瓦連西亞桔子，比其他水果要貴好多。

我們到了瓦連西亞，車站仍然很大，其裝潢都以桔子為圖案的磁磚，車站正門許多門之間有兩處空間，也是用馬賽克貼成的採收桔子為樂的圖樣，以當地美女手擷桔子，有的在吃桔子為樂。也是作一種長期的廣告資料。

就車站各室的壁間，靠天花板的一排磁磚圖案是桔子。車站外面也以這種磁磚作裝飾。站內的水菓店，大掛招牌：「當地名產桔子」。好像是每個到瓦連西亞來的人，不吃桔子是一件憾事。

貞婉去詢問處要了一張地圖，我們去找博物館，到了街上看到市中心有兩三座教堂塔尖，如是教堂都集中在一起，多好呀，省得走很多路。看到一座教堂的大建築物，卻有廣告桔子而感到奇怪。近看，這是果菜市場，既然來了，買一袋桔子吃吃。

瓦連西亞桔子，吃起來卻沒有比臺灣桔子好。因為它皮硬，瓣難剝，甜度高水分少，無酸味。我總覺得臺灣桔子水分多，甜中帶點酸的氣味，比較適合解渴。

為了不給背包加重，我們在廣場旁邊找個座椅，坐下來吃桔子，一陣鴿子飛了過來，貞婉以桔子弄碎撒在地上讓牠們吃，鴿子卻喜歡吃。

「像這種桔子不會比我們臺灣產的好。」我說。

「這一粒，在臺灣可以買三粒，好貴。」

「怕酸的人卻會喜歡。」

過了廣場便是大教堂，聚集了大量觀光客。

瓦連西亞的氣候炎熱，水果市場，桔子都是賣外來客人，本地人卻很少買。他們喜歡吃桃子、杏、西瓜及梨，價格比較低廉。

在車站旁邊建鬥牛場，瓦連西亞有他的道理，鬥牛場外極大的海報推銷桔子。觀光客可利用候車的時間去看鬥牛，看過鬥牛別忘了帶一袋桔子走。

生意經另是一套學問，我們不容易懂，這裡都用紅線網裝成一小袋袋的瓦連西亞桔子，是蠻有誘惑力的。臺灣麻豆文旦並不宣傳，不做廣告。貞婉說：

「假如臺灣麻豆文旦也像瓦連西亞桔子，大作廣告，即能夠賣。麻豆小地方，產量不多。」

瓦連西亞靠桔子而聞名，大肆宣傳，大作廣告，車站都是桔子圖樣，旅客已經夠受了。

塞維亞的理髮師

「你的頭髮已經一個多月沒有理了，該去剪剪。」

我們到了塞維亞，貞婉就要我去理髮。她以為塞維亞的理髮師聞名，那是受羅西尼（Gioacchino Antonio Rossni, 1792–1868）的歌劇「塞維亞的理髮師」的心理影響。

「你怎麼不說‥我們去塞維亞城堡邊塞吉迪亞斯跳舞，或許去曼薩尼里亞喝酒。」我想起了比才（Georges Bizet, 1838–1875）的歌劇「卡門」。「塞維亞的理髮師」不會比「卡門」出名吧。

塞維亞在西班牙人認為是「詩與童話之國」。市區過橋對岸，便是托利阿那地區，與格拉那達的沙羅蒙提同屬世界有名的吉卜賽人居住地方。有不少作曲家，如阿韋尼（Issac Albeniz, 1860–1909）、杜里娜(Joequin Turina, 1882–1949)、法雅(Manuel de Falla, 1876–1946)等人，都用音樂來表達對塞維亞的愛。還有專為吉卜賽作研究的作家梅里美，寫「浪漫瘋狂的詩曲卡門」，也從此地開始。(比才的歌劇「卡門」是根據這書譜成的。)

童話片「白雪公主」也是在此地攝製的。

這市區的古老道路都以聖人名字，如聖・克魯茲是卡門與荷西故事的中心地點。

我不要在塞維亞理髮之原因有二，一是歌劇的理髮師並不以理髮技藝精湛，而是一位富於幻想的笨理髮師。二是我不懂西班牙語，要是他問我不懂，我說他不懂，會理成怎樣的一個髮型來。

「也不壞，試試看，總會把頭髮剪短些吧。」

「現在歐洲怪髮型，給我剪成龐克頭，那不糟糕了嗎！」

「我寧願讓它長一點，回到巴黎中國市街再理。」

貞婉好奇，想看看這裡理髮店與理髮師，因此，我們往聖克魯茲街直走，可以到大教堂，順便找家理髮店，看看理髮師的作業情形。

沒有能找到理髮廳，卻找到一家水菓店，水果便宜，葡萄、水蜜桃，買了一紙袋。走累了，前面將是植物園。很大的一片古木參天。

我們把水果帶進植物園，那兒有水可以洗。

園內的道路旁有木頭座椅，我把包包放下來，坐下歇腳。貞婉去洗水果。

「吃水果，要比理髮好些。」我說。

「讓塞維亞理髮師理個髮，值得留念的。」

「我才不傻，盡管歌劇中角色都好，也不能去試試。」

「沒有膽量！」

「不想趕時髦。」

畢卡索說：「藝術家就是大騙子。」藝術家憑想像而創作，約翰・史特勞斯寫「藍色多瑙河」，曲子風行世界樂壇。我看多瑙河是一條濁水。當河邊居民說：「多瑙河從來沒有藍過。」

著衣的聖母像

從西班牙南的巴塞隆納起到了馬德里，我們走遍了六個城市，也看了許多教堂，覺得有點奇異，西班牙的聖母瑪莉亞雕像，是戴后冠披上華麗的長氅，看起來像臺灣的媽祖。歐洲大部分聖母雕像，都以白色大理石刻製，或是泥塑，泥塑的至多加上彩色。只有西班牙對聖母特別裝製華麗綢緞，鑲嵌珠寶，金亮亮的，把一向純樸的聖母裝成華麗非凡，處於同教堂中的聖子耶穌，被釘死在十字架的苦像，十分不洽調。

瓦連西亞主教座堂中，一座聖母穿著高貴美麗的衣裳，每年耶穌受難節期間，會掉眼淚。我與貞婉都是天主教徒，我們在此禱告許久，我抬頭望望聖母慈祥的臉，帶有悲傷鬱悒的神采，怎麼會是戴珍珠製的后冠，披上華麗的衣裳，幹麼不讓聖母樸實一點。我越想越是不通。

後來，一位西班牙人告訴我們，他們在耶穌受難到復活節，一週時間的過「聖週」活動，在聖枝主日開始，下午三時十五分，教友參與活動，聖週六下午十一時四十五分，三位一體，遊行街上的教友群眾，陣陣不同隊伍，不同裝飾，以大型十字架前導，接著為頭戴高長尖帽，臉部僅留雙眼睛洞，一身白袍，手持長達一公尺的蠟燭。隨後樂隊。背十字架的基督，與聖母痛苦神座，神座重逾一噸，因而使抬神座的人不堪負重，腳步踉蹌，聖母也在夜空搖搖幌幌地，臉頰上淌著淚。這時，教友們為聖母披上一件特製的，鑲嵌著珠寶的長氅，戴上后冠。

雖然是一種宗教祭典，卻在活生生地虔誠宗教紀念活動，一連七八小時。在觀光客眼中，西班牙的聖週，勝於全球的宗教活動。

聖母是在復活節前夕穿上華麗衣裳的。臺灣天主教在耶穌受難前，得把聖像用黑布遮蔽，一直到耶穌復活，那是有其原因的。

塞萬提斯廣場

馬德里的塞萬提斯廣場，在塞萬提斯紀念碑下的唐・吉訶德與桑喬・潘薩騎著那瘦馬與騾子，神采奕奕地，他倆永遠活在西班牙人的心裡。西班牙各處紀念品店，都以這兩尊雕像為西班牙主要人物。

雖然有些青年說：「唐・吉訶德已經死了。」也就是說西班牙人的那股傻勁、勇氣與自信，已經消失了。就馬德里的新規劃新建設，很少是西班牙自己的。以往外患及內戰，異族的侵入，西班牙人的「獨立自尊」精神還能保持多少？

唐・吉訶德並不是塞萬提斯筆下創造出來的人物典型，確有其人，經過他筆下描繪，以當時風靡一世，荒唐無稽的騎士故事。可以說這部作品竟然在世界文學領域中佔了頭等位置。主要原因是把唐・吉訶德與桑喬・潘薩角色，塑造得非常成功。

唐・吉訶德住在西班牙中部拉曼卻地方的鄉下紳士，長得高又瘦，五十多歲了，沒有固定職業，喜愛讀英勇事蹟的書，所以典賣田地搜購大批此類書籍。有一天，他腦筋開始有毛病了，突然看出自己正是拉曼卻的騎士首領。把倉庫內的祖先所留下的盔甲拿出來，仔細縫補之後穿上，帶著牆間那枝生銹的長槍，跨上比主人還瘦，而肋骨突出的老馬，就成了一個天下無敵，英勇無比的武士。

任由這隻「天下第一駿馬」走至一家客棧，他稱為城堡，客棧老闆是城主，女侍是貴婦人，當「城主」告訴唐・吉訶德說：「尊貴的騎士，須要有一位隨從，而隨從應該帶著錢袋和糧食。」

這建議他接受了。因此，唐・吉訶德回家，變賣所有剩餘的田產，籌到一筆金銀，再找到一個熟悉農夫當作隨從。就產生了一對罕有的好搭檔。他名叫桑喬・潘薩，一個四十來歲，矮胖的人，桑喬很愚蠢，有時也會有點聰明。這分聰明只有依靠耕種的人才可得到莫測高深的現實生活感觸，然而對主人堅定的信念所產生的道理，明知其為瘋狂，還是忠實地順從。

塞萬提斯生存的那時代，感受時代精神和在作者血脈中的民族靈魂，透過作者的才華而傾瀉出來。事實上，說西班牙的一切生態都屬於民眾的也不過分，西班牙文化和西班牙人，對外國人，形成一股很大的吸引力，是因西班牙人樸實而無階級之差別的劃一人性。

我不看鬥牛

「到了西班牙不看鬥牛，白來了。」貞婉想看鬥牛，徵求我同意。

「你自己去看，我不看。」我想起以前，「上次來西班牙，同夥大家都去看鬥牛，而我自己去普拉多美術館。」

我們在法國南部阿爾地方，遇見兩位中國留學生，一男一女，從巴黎到南部來度假。他們都是學畫的，談起來蠻投緣的，有如「他鄉逢知己」之感覺。

「剛在阿爾看過一場鬥牛，這裡鬥牛是不殺牛的。」

「那有鬥牛不殺牛的？」

「我們選那場是不殺牛的，聽說明天星期天下午一場要殺五頭牛。」阿爾鬥牛，早就聽說過。畢卡索看鬥牛、畫鬥牛都是在法國阿爾看的而不在西班牙。

西班牙鬥牛是摩洛人入侵西班牙時，把鬥牛帶進安達魯西亞的，然後由此地區擴及全西班牙的。中世紀鬥牛是貴族從馬上刺殺牛的一種武藝，通常在國王就位或結婚、凱旋等宮中慶祝活動中表演。

據說卡洛斯五世曾經以長矛鬥牛，技藝高超。十七世紀以後，鬥牛脫離貴族階級之手。逐漸平民化，而演變為專業鬥牛士。一八三四年塞維亞設立皇家鬥牛學校，鬥牛興盛起來。

鬥牛是動物與人以死為賭注而格鬥的遊戲。鬥牛由鬥牛士、牛、觀眾和傳統所構成的華麗儀式，其本質不外是死的美學。對鬥牛有絕大喜愛的海明威，從其中汲取生與死的真諦，他曾經寫過一篇隨筆〈午後之死〉(*Death in the Afternoon*, 1932) 強調鬥牛是藝術家在瀕臨死亡的危險中，依其能對演技方面發揮多大的能耐來決定名譽的唯一藝術。

這就是所謂「動物死後，其強烈的熱情所留下的部分空虛哀傷和變幻無常之情」，留給生存者，令其思索生之真諦。

我們在馬德里的最後幾天，貞婉仍是提及看鬥牛事。一天，在街上出現大型海報，畫一隻垂死的牛，血淋淋地，上面寫著：「殘忍的藝術，請大家來杯葛鬥牛。」

「你看吧，西班牙有人發起保護動物，要大家不要去看鬥牛。」我說。

「好吧，就不看吧，牛也蠻可憐的。」

許多觀光客興致沖沖地去看鬥牛，多數是半場就出場了，不忍心再看下去。

七十七年十月二十九日西子灣副刊

躍動著，大自然的活力

——高迪與巴塞隆納的聖家大堂

西班牙之遊歸來後，在友人王大夫家閒聊。王大夫也是一位喜歡往外跑的人，他工作之餘，喜愛攝影。

「到過巴塞隆納，你去看那『番麥』（玉米）教堂了嗎？」他問我。

「當然看過，去巴塞隆納就是特地去看這座教堂的。」

記得看過一本書，介紹世界十大教堂，已經把尚未完成的聖家大堂列入了。在歐洲之行，除了美術館之外，大教堂、古堡、皇宮都是我要看的目標。

在美術圈內，我喜愛繪畫，也極喜歡建築，建築包括了一切藝術創作的綜合性發展。一幢小住宅到大教堂、歌劇院、皇宮都是藝術之作。

王大夫所謂「番麥教堂」就是指聖家的八座聳高的塔之建築，以塔的中間一段用格窗式，遠看有如玉米。這教堂大小塔共有十二座，已經建了一百年，去年九月我們去看的時候尚在建造，看樣子，還得再需要百年時間才能落成。在歐洲，有不少大教堂蓋了兩世紀，因為大教堂都是以藝術品堆積起來的，無法趕工加速。

我們在巴塞隆納，看過這奇特的建築時，不能不對這位近代傑出建築師作一番瞭解。

安東尼・高迪（Antonio Gaodiy Cornet, 1852–1926）出生於加泰隆尼亞（Catalonia）的雷斯（Reus）的銅飾師之家，後來以他自己獨創風格和有深度的建築作品成名。當時，他的作品也是褒貶不一的議論對象；據說歷史上要七、八世紀才會出現一幢足以改變一切獨特建築，高迪的無限才華和奔放的怪才，在絢爛背後，有他對社會人類、政治、宗教和建築之協調，一致的理念與努力。

高迪是五兄弟中的老么，雖未克紹箕裘，傳承其父衣缽，可是他宣稱自己仍是步趨父親之足跡，創造自己的空間感與質量感。高迪看父親製作的金屬熱水桶時，看出一種幾乎是非物質的對空間的自由處理，柔順可鍛鍊的素材，以萬能雙手，為生活的必需和日常用品發揮極大的貢獻。

我們站在高迪的作品之前，或許有些疑問：瑣碎呢？矯飾呢？虛浮呢？還是沉默呢？是在看夢想家的作品，還是看瘋子的作品？到現在，還是有當時人的心態，未免太荒謬了！

那時現代主義方興未艾，而高迪卻重視自己的傳統歷史與文化民族，但又趨附時代風尚。他從不局限自己於某派別的標準，因而成了現代主義（或稱 Modern style, Sezessionstil, Art Nouveau Style 1900）的主將。

由雷斯到巴塞隆納，其父賣掉一塊地，供高迪進該地的建築學校就讀，受范・勒・杜(Viollet-le-Duc）和羅斯金（Ruskin）的影響，高迪的作品極為特異，把巴洛克及哥德式樣子加以近代化，並使用伊斯蘭式多彩馬賽克鑲嵌的工夫。這樣將有九年時間，然後不斷地工作，由街燈、家具到小聖堂、大宅院、公園，嘗試各種型式的藝術表達，找出能揉合羅馬、哥德式中古精神，有機的自然主義，幾何型的一條路來。從他的作品，我們可看出這種勢力，建築極多樣的，如鬧市區的商店，裝飾味濃的，私人宅第，宗教、社團的都有。

我們去過幾爾公園，高迪無視於規則性和統合性的技藝，多色陶製飾物，顯示出喜悅與感情。素材用當時的銅鐵、水泥，配合傳統的磚石與馬賽克。有時他用阿拉伯幾何圖型，表現沉靜，有時又讓大自然的活力躍動著。

一八八一年，聖約瑟信徒協會購地委託建築師疊維拉（Del Villav）設計，建一座贖罪大殿，一年後，疊維拉辭去這重大工作，把這任務交給一位蓋宗教建築師裘安・莫托瑞（Joan Mortorell），不知為什麼，他又不幹了，把這重任委託高迪。

高迪接下工作之後，與神父們、建築工人、雕塑家等等有關人員再三地協調，自己住進工地，把全生命投入在這座大教堂。以後改名為聖家大堂。

在這裡，我必須提到一位桂爾伯爵（Count Gciell）對高迪的支持，讓高迪自由地給他設計大住宅與庭園及桂爾館，使高迪的才華能充分的發揮而受人注目。

大概是事業心強，工作又忙碌，高迪一生沒有結婚，其父與姪女，有時來與他同住。高迪因建聖家大堂，而篤信天主教。一九二六年六月十日，下午五時為了趕去教堂參與晚禱，途中車禍而死亡。

一百年之間，聖家大堂只建成八座聳高的塔及四座小一點的塔。塔中間如玉米狀的格窗，頂尖扁圓形，外環大小的圓球，圓形內十字花朵，都經過鑲嵌彩色馬賽克，看去極有震撼力。前後廣場都圍滿了觀光客，用望遠鏡眺望這聳高的塔。我們買票進入，其實根本沒有室內，只是圍了一道木板，作臨時圍牆之用。大殿尚未蓋起來，進入處一座當時設計的模型，純白色的，大體上可看出大堂的大概情形。幾十個工作人員在工作，進了裡面，也沒有什麼可以看，只是捐一點錢作建堂之用。

據說大堂有三處門面，高迪在世時，已經完成了一面，就是後門；那些浮雕花紋，高而大的門面分作二段，下為出入，上為圓格窗連靠並立，正上中央的大理石雕像，耶穌誕生，瑪利亞抱著照顧小聖嬰，約瑟站其旁，照顧瑪利亞。其兩旁而上的浮雕上，也有許多完整的雕像，如小天使吹奏音樂，來慶賀救世主的誕生。雕像十分寫實，純是古典主義型的，栩栩如生，非常傳神。現在正門部分也已完成，那座立在正門前的大型耶穌釘在十字架之苦像銅雕，已經半抽象作法，明顯看出不同雕塑家的作品。其他尚未完成的，有數位雕刻家正在工作。如果再過百年才能全部完工的話，不知得經過多少藝術家，多少不同形的作品出現。

高迪曾經說過：

創造藉著人類的各種媒體不斷地繼續。但人類並未創作，只是發現。凡尋求大自然中的律法做出新的作品的根據之藝術家，就是造物主的合作者。抄襲並非合作，返璞歸真尋求大自然的律法，才是創作。

在公園內，我們也看到許多新的造型，未加任何色彩及馬賽克的鑲嵌。高迪說過：「好的造型，加上彩色與裝飾是多餘的。」他在應用大自然的律法來處理。他的有如天然岩石，有如石崖。在巴塞隆納大街上也有他設計的商行，彎彎扭扭地，非常怪異。但是與其他直線條的整齊商店比較，確有矚目之處。

我六度歐洲之旅，看過許多大教堂。自羅馬、西班牙、法國、德國、英國等地，從最古老到最新型的，大部分以羅馬式或哥德式為多，巴洛克式也有，像高迪的聖家大堂這麼突出的卻很少。高迪雖死了六十三年，這座他全生命的作品尚未完成。我也無法等看這大堂的落成，從整個模型及建築設計圖看，聖家大堂被列入世界十大教堂是當之無愧。

七十八年七月二十日聯合副刊

莫斯科印象

戈巴契夫為蘇聯人民生活選擇了富裕安樂的希望而放棄了共產主義，這極大的改變之後，被稱為鐵幕也開放，與世界各地可以自由往來。因之，我有俄羅斯之遊的願望。我青年時期讀過許多托爾斯泰、杜斯妥也夫斯基、契訶夫等大家的小說，總感到俄羅斯人蠻有靈性的，非常可愛。史達林時代，人民關緊在鐵幕內，成為一個謎。那時候，我偶爾看到有關蘇聯的影片，莫斯科總是在冰雪下，人民卻是一副陰鬱的臉孔，軍人殘酷的對老百姓。記得在去年，臺影推出五部蘇聯電影，我有機會看了四部，對於俄羅斯人民的絕望仍然留存，沒有明朗歡樂的印象。

由於張明石兄數度帶團去俄國的經驗，煩請他帶我們去一趟。

我去俄羅斯的願望終於實現了。飛機抵達莫斯科機場，八月的天氣，此地晴朗，有人還穿短袖衣服。來接機的一位地陪（負責導遊莫斯科地方的人）是青年人，面貌體型很像電視劇「百戰天龍」的馬蓋先，因此，大家都叫他「馬蓋先」，他也樂意這個名稱。

馬蓋先，莫斯科人，中國大陸北京大學中文系畢業，能說流利標準北平話，也能寫漢字，為人風趣大方，我來俄國第一次接觸的俄國人，讓我改變了俄國人陰險冷酷的觀念。

「馬蓋先，你是共產黨嗎？」有人問他。

「過去是，現在不是。已經不幹了。」

太陽西墜，莫斯科一片渾黃，十分美麗。馬蓋先指著車窗外，介紹當地重要的建築物，許多史達林時蓋的公寓，整整齊齊的十層大樓，市區有些道路比巴黎香榭大道還要寬。車子在紅場前停下來，讓大家下車，步入紅場，眼望克里姆林宮的紅圍牆，使人想起了伊凡的恐怖手段，他幼年時候已相當早熟，也相當殘暴，庫爾布斯基親王曾這樣的記載：

他十五歲便開始殺人，挖人眼珠等事跡，這位年輕的沙皇，幼時失怙，性情邪僻而剛愎自用，極端暴戾……。

沙皇一度暴怒而殺死自己兒子皇太子，過後感到痛苦悲傷，根據伊凡四世的記載，自稱是個謙沖虔誠的君王，而奉神之命成長登基，每次殘暴過後，總會花一段時刻去懺悔洗罪。一五四七年莫斯科大火，伊凡自認自己罪過一生，而公開在紅場懺悔。

紅場，馬蓋先說：紅色是美麗的，這用石塊砌成的廣場是美好的，右旁及盡頭，有如洋蔥形頂的教堂，那是俄國建築的特色。左旁是列寧的墳墓，凡是進入參觀的人必須脫帽，不可說話及拍照，依序進入，裡面一片黑，一道燈光照著列寧蒼白的臉。與在北平天安門廣場看毛澤東墳墓一樣是黑漆漆的，一道燈光只照毛澤東臉。沒有像巴黎看拿破崙陵寢及南京紫金山看國父陵寢那麼明亮。

紅場的教堂有東正教堂及羅馬天主教堂，堂內有一幅極出色的「聖母弗拉德米爾」，是俄國人最敬仰的，也是歷史悠久的聖像，作者是八世紀以前君士坦丁堡一位姓名不詳的宗教藝術家畫的，當時傳入基輔大公國，以後又流傳到弗拉德米爾城，一三九五年帖木兒行將圍攻莫斯科，這幅聖像便被請到莫斯科護城。出人意外，帖木兒竟然中途調兵回歸，這幅聖像終於因拯救莫斯科而聞名。

夜宿COSMOS HOTEL飯店，從這幢觀光飯店樓上窗口望，莫斯科都市計劃單位於一九六〇年起鼓勵興建高樓大廈，卡尼寧大道上一排二十五層大樓，兩旁矗立的兩幢類似生日蛋糕形的哥德式建築，燈光熠熠，美麗的夜景。莫斯科與倫敦、巴黎、紐約等現代都市一樣。

這裡所謂俄式傳統大餐，也不過是濃湯、青菜沙拉，一片魚及一些洋芋、水果、咖啡，並未能使外來觀光客滿意，好在張明石預先提醒過。

八月莫斯科氣候變化無常，早晚冷，中午炎熱，下午忽而陣雨，出門不帶傘是不行的。一條林蔭大道，可為觀光客提供一些俄式家庭生活的歷史觀念，那幢二層樓住宅，是大文豪托爾斯泰的住所，他與他那久病的妻子、九個小孩、三個傭人、一位法籍女家庭教師共住於此，他在此寫下無數不朽文學作品。他在《安娜・卡列尼娜》的開始，似乎影射這房子：「快樂的家庭千篇一律，不快樂的家庭卻各有一本難唸的經。」大師對房子的安置，私有物品的收藏，他的生活方式，可以看出與眾不同，也與今日俄式家庭迴然有異。

我們在巨大托爾斯泰石像下拍照留念。

我在這三兩天之間，接觸到俄國人，大部分人熱情、豪放、慷慨與率直，印象不錯。馬蓋先說，俄國人心地好，在莫斯科最令人討厭的是吉普賽人，到處要錢，偷東西。

在克里姆林宮參觀一些舊俄的遺產。沙皇的珠寶、凱薩琳大帝的佩帶、項鍊、鑲著鑽石和紅寶石等名貴寶物。宮中所藏盡是帝王所遺留下來的豐富古物，鑲著珠寶的皇冠、寶座、皇家使用的盔甲，以及細緻的刺繡。各式珠寶中，以取名歐爾洛夫的鑽石最有名，重達一百八十九克拉。

聖喬治殿堂，金碧輝煌，是克里姆林宮諸殿堂之冠，這殿堂為慶祝拿破崙戰敗撤軍所建立，也是紀念當時沙皇的軍階「聖喬治」而命名，現在充作重要國際場合接待賓客的地點。

看這廳的地板的圖案是用二十種以上木頭嵌合而成。上頭每組吊燈，安置五百隻燈泡，至為美觀，也是稀罕。

莫斯科最值得炫耀的地下鐵道，史達林用大筆金錢，精工細造，我們在孔索莫爾斯卡雅站，這站用共產主義青年團而命名，看那屋頂鑲嵌畫和浮雕等壁飾，廊柱、地板、牆壁都為大理石，處處都顯出藝術之作。有一處為英雄廣場，三道鐵路之間，門壁轉角，大理石雕的英雄人物，極為壯觀。據統計，每天有五百萬人搭乘。莫斯科人喜歡乘地下鐵，而街上行駛的公共巴士，很少人搭乘，乘客不必怕沒有座位。

在短促時間內，張明石兄安排晚上去看馬戲。

看俄國馬戲，也是我所喜歡的。俄國人把馬戲雜耍視為一種藝術。國立馬戲與雜耍藝術學校訓練出來的空中飛人，學生在十歲就得入學，嚴格練習，除術科外還得讀學科。據說俄國境內就有七十五個馬戲班。我們是在國家馬戲劇院看的，是固定表演馬戲的劇院。果然不錯，一場極精彩的馬戲表演。

三天匆匆地過去，我對莫斯科印象改變了，莫斯科，我會再來，在那西伯利亞寒流侵襲的時候。

馬蓋先送我們到機場，贈我一冊厚厚的畫冊「當代俄羅斯畫家選集」，其中一位畫家是他的朋友，因為時間短促，未能帶我去看他。謝謝馬蓋先，他後年要來臺灣，我們可以見面。

八十三年十月二十八日臺灣副刊

聖彼得堡的誘惑

張明石兄說：「假如你在俄羅斯的時間匆促的話，你只能放棄莫斯科，而要來聖彼得堡。聖彼得堡才能代表俄羅斯之美。」

此地導遊是一位小姐，名叫伊麗莎白，敏捷果斷，共產黨員，不幽默，也沒有笑聲，說起話來一板一眼，那套該說的說了，也就沒有其他的了。

聖彼得堡具有巴洛克風格的古城，充滿了歷史的回顧。前任美國駐俄大使肯南（George F Kennan）重遊聖彼得堡時發現一項「真實而重大的改變」。他說：「這古城慢慢地重新開始尋求自己的歷史……就像一個長年罹病的人，恢復了記憶之後，一點一滴地回想過去。」

看那座彼得大帝的銅像，這銅像是一七〇三年興建，當年藍圖大體就決定了聖彼得堡現在的格局。彼得大帝的銅像，座騎的前蹄騰躍於空中，他則四平八穩地跨在馬背上，威武雄姿，下頷前傾，象徵他駕馭著整個城市，也駕馭了整個俄羅斯。銅像是由女皇凱薩琳大帝為他樹立的，普希金獻上一首詩，名為「銅騎士」，其中有一段等於獻給這個古城的情詩：

我愛你，彼得的傑作……優雅而肅穆。
花岡岩岸滾花邊的鐵欄杆……內瓦河澎湃洶湧。
我深愛你嚴冬的酷寒，深霜靜如處子的氣息……
少女的雙頰使玫瑰花容失色，
舞會輝煌，華爾滋華麗流繞回轉……
香檳飛沫見碧藍天的火焰，是海的波浪。

——錄自世界地理版蘇俄之旅

聖彼得堡對我的誘惑是國家博物館，夏宮與冬宮，芭蕾舞。

夏宮的舊名Tsarskoye Selo意為「沙皇的村莊」，原是皇室在鄉間之行宮。

我們渡過內瓦河，再步行一段路即抵達夏宮的庭園，這庭園佔據整個坡地，在歐洲各皇宮的庭園已少見。樹木、花卉、青草地，整理得一片綠油油地。庭園內大道佈滿了各處，遊客步行此間，心身愉快。庭園內有幾十處噴泉，道路旁之大理石雕像，都以古希臘神話故事的人物，雕工細緻，栩栩若生。楊樹一列整整齊齊，略隔青草地，接連著叢林。從大道分小路可進入叢林，路旁置座位，供遊客歇腳。在囂雜市區久了，來此一遊，可以消除整日來的疲勞，清靜片刻。

大道左四小路通蘭花園，園前一水池，一遊客誤踏開關，池旁周圍樹上水噴下來，如大雨傾盆，滿身淋水。片刻噴水停了，大家進入蘭園要小心。

從大道噴水池旁邊道走去，一片像油菜花似的黃花，綴在綠地上的一片黃，在黃花中一石雕：三位女神。遠看猶如黃袍中一顆玉石，真美。

一片楓林，楓葉逐漸變黃，據工人說，再過一個月時間，這裡一片紅色。

處處有專家設計，隨著四季變化，庭園內均能顯出四季之美。

圍欄內花圃，正是百花齊放，紅黃紫綠，互為競艷，蜜蜂、蝴蝶飛舞。

道路用石塊砌成的，平坦乾淨，走著走著，好遠仍未到盡頭。

從大噴泉大道通到夏宮，夏宮房舍分散在各處。當時彼得大帝常在此叢林打獵、避暑、飲酒賞花，帝王生活是一般平民怎能想像。

夏宮庭園之大，雖然每天觀光客大量湧入，夏宮庭園仍然靜寂，沒有污染與噪雜，這是值得讚美的。

張明石兄安排我們第三天去看冬宮，冬宮是藝術品寶庫。記得不久前，中視為介紹冬宮藝術，每周一次，歷經數月才播完。現在能親身在冬宮實地欣賞，是件愉快的事。看皇宮，除了外型建築特色之外，其內部設施與歐洲其他皇宮一樣，大概是地板上砌的圖案，門框與柱頭、底座的雕花圖案，壁間的浮雕與繪畫，天花板上的雕花及彩繪，奇特的華麗水晶吊燈。

藝術珍藏方面，大概可分工藝品部分，包括精緻家具、珠寶、陶器等。雕塑部分，都以皇室人物雕像。繪畫部分，除了皇室人物畫像及一些收藏名家畫作。冬宮確實是藝術收藏豐富，繪畫有義大利之達文西、拉飛爾、提香、卡拉瓦喬、立比、柯利裘等數十人作品。荷蘭之法蘭斯、布魯耶給、林布蘭特、哈爾斯等數十人之作品。西班牙之葛雷戈、朱伯蘭、維拉茲貴茲、慕里歐等數人之作品。德國之克拉那哈、賀爾賓等人之作品。英國之蓋因伯羅、羅姆尼、雷諾茲等人之作品。法國之普桑、羅連、瓦竇、布謝、夏丹、法拉戈諾等人之作品。除此外，有大量印象派大家作品，如梵谷、高更、雷諾、莫內、馬奈等人之作品，畢卡索、馬蒂斯也有大量作品。

冬宮一日，真是看不完繪畫精品，只是在人潮中走馬看花地過去。

在聖彼得堡必須提的一位文豪杜斯妥也夫斯基的故居，杜斯妥也夫斯基的小說以聖彼得堡為背景的很多，看杜氏生前足跡，杜氏有五年時間在這幢紅樓求學，他的父親，物理學家退休在家，被農奴殺害。當時一八四九年，杜斯妥也夫斯基為抗議沙皇血腥迫害人民而被捕，被判死刑。他在回憶錄上寫：在塞米歐諾夫斯基廣場，聽候在絞刑架前待宣判。結果沙皇改變主意，赦他無罪，二十八歲那年被送到西伯利亞勞改，經過十年後回聖彼得堡，在他故居房子內，重新提筆寫出《罪與罰》及《卡拉馬助夫兄弟》這震撼人心的小說。這房子現為杜斯妥也夫斯基紀念館。

俄羅斯人對芭蕾舞蹈人員的培植有三原則：勤練、苦練、磨練。芭蕾舞學院的學生在名師指導下，展示出優雅的舞姿。芭蕾舞係沙皇亞力西斯於一六七三年引進，如今已是俄國文化主要象徵。張明石兄為我們安排去國家歌劇院看一場芭蕾劇「天鵝湖」之表演。這是我第二次看「天鵝湖」的，第一次是在倫敦看的，都很不錯，頗得滿場熱烈掌聲。

明天就要飛華沙了，我留戀這PRIBAL TIYSKAYA HOTEL，靜坐十六層樓房間裡，望出窗外，點點燈光。雖然房間內寂靜無聲，可是想像越是拉遠。我想起紅場就想到《戰爭與和平》。想起果戈理在寫《死魂靈》小說時曾說：

上帝創造了我，對我並沒有隱瞞我的使命。我的出世，全不是為了要在文學史上劃出一個時期來，我的職務還要簡單而肯切的，就是要各人都思索，而不是我獨自首先來思索，我的範圍是魂靈，是人生的強大的、堅實的東西，所以我的事務和創作，也應該強大和堅實。

因此，《死魂靈》完成問世，俄國人才算第一次看見他自己，他本身的生活狼狽的可憐的映像。

八十三年十一月三日臺灣副刊

地層下的天堂

在華沙郊外奧斯維欽參觀德國納粹集中營，心情已十分沉重，張明石兄又安排在克拉科城郊看一處中世紀的鹽岩礦，克拉科的各種風格之古代建築加以古老鹽岩礦，是古色古香的小城。鹽礦深有四百多公尺，長有四百多公里，歐洲最大的鹽礦。一九七八年為聯合國確認為世界十大受保護之遺產，與我國的長城，埃及的金字塔同級。

從礦洞入口要下四千多階才能到底層，比下十八層地獄還要深，還要遠。

奧斯維欽納粹集中營，佔地廣大，其房舍一幢幢地幾行列，就步行走一圈也得幾小時，一群英國旅遊客數十人，在看那一大間被殺害猶太人的衣服，一大間被殺害猶太人的鞋子。一位婦人悲慟而哭泣，嚷著：「可惡的納粹，可恨的德國人該下地獄！」

我們不是納粹，是善良的中國人，我們就要下比十八層地獄更深的去遊一趟。

看鹽岩並不重要，而看這鹽岩礦用古老方法開鑽、挖拓，不斷地使用人力，往地層下，一層層挖拓，及礦內的設施。

我們在入口處等候了許久。下午三時，入口處小洞門開了，一位導遊小姐出來，要大家按順序一人跟一人下階。張明石兄領頭，要張經理壓後，在礦中不可走失。

明石兄問我：「能下嗎？踏穩腳步，慢慢地下來。」

「沒問題，我在黃山三天，跟那批青年人，上上下下地走都行。」

貞婉跟在後面，隨時提醒我要小心，洞口小梯是以木塊釘成的，礦內燈光少，下梯的人要緊握著扶手，腳步踏穩，一步一階地下，到了一階段，過通道走，轉彎處，有個小空地，放置一、二尊像林淵刻的石雕，粗糙的一個造形而已。再一段梯，遠處空地處有幾尊石雕，雕工似乎進步了些，而示寫著：居禮夫人，哥白尼的人物雕像。通道壁間及頂上都有木頭撐著，導遊小姐以手電筒尋路。

越下去越深，岩石雕像越見現代化，有些可看出來：耶穌或聖母瑪麗亞。

在這裡，要是對地質學有研究的話，會感到非常無味。有人建議何不在陰暗角落，弄些鬼魅或其他怪獸來嚇嚇遊客，反而有趣些。

「我們是看鹽岩而下地層下來探礦，你以為這是遊樂園。」有人說。

至於我嘛？既不是採礦研究鹽岩，也不是來遊樂園找刺激的，想看看古人用人力開礦的苦心。看礦內施工使用人力龐大，挖洞鑽壁，點點滴滴都是血汗。

走了一段小道，又下段梯階，終於到了底層。底層有一大聖堂，一六六六年開始鑿建，據說聖堂施工八年才完成，看那上空的水晶吊燈，地板的板磚，聖像的鹽岩石雕，在燈光下會發光，也像似透明。祭臺設備以及堂中座椅都屬現代化設備，十分完善。

大聖堂可供千人望彌撒。

「有人到這底層來望彌撒嗎？」

「挖礦的工人，主日在此望彌撒。」

底層寬闊，一處處均有燈光照明，岩石雕像處處可見，沿著小路上上下下。有一水池，是否有魚蝦，沒有人往下看。此處險地，小道路旁有鐵圍欄護著，免得有滑落。

轉過幾個彎的陰暗小道，突然明亮了，聞到音樂聲，休息站，賣紀念品處，賣冷熱飲料，賣麵包糖果處，郵政站賣紀念郵票、明信片。漂亮的服務小姐親切地為旅客服務。

我們坐下來歇腳，喝瓶可樂。

有了歡笑聲，有了音樂聲。要拍照的人，朝著四周岩石壁拍照。

座位旁邊有盆花，空中排的鳥籠有鳥叫。有人說，這是人間天堂。

轉過彎即到了等候電梯處，這電梯十分古老，鐵鍊吊著三個小間，每小間可乘十人，一次三十人。排隊等候，電梯聲好大，咔咔響著，加上康康鐘聲。

我走出電梯間，抬頭望望，天色已暗，四周燈光閃閃。我想：罪惡滿貫的人下地獄受苦刑。善良的人下了比地獄更深的地方，是一處人間天堂。

八十三年十二月十三日臺灣副刊

輯二：英倫掠影

劃時代的擎天碑

——悼雕塑巨擘亨利摩爾

六十七年十月，我曾寫文慶賀亨利摩爾八十大壽，稱他壯得像一棵樹，外貌成熟堅毅，而裡面流著創造的瓊漿。形容健壯似樹，是非常不得當的，而我以為，摩爾常住鄉間，享受大自然景色與清新空氣，大自然賦予穩定和漸進的影響力，使他的作品一個個、一件件地推出。他的知識廣泛，興趣也多。一棵枯死的榆樹與一棵活著的橡樹，一樣使他振奮，有人問他原因？他說：

有病的枝椏不遜於完美的樹枝，就像骨頭上長瘤一樣，自有他的特點和涵義。我喜歡蘋果樹上的木瘤，我也愛雕刻患了關節炎的老年人的手臂。

其實，那時候他已患了關節炎，不很嚴重，時發時好。以後三年，病情變壞，加上糖尿病纏身，健康情況一直不好。在這時候，他把赫德符郡一片家園捐贈給政府。前年我英國之行時，這裡已釘上了牌：「國立亨利摩爾博物館籌備處」。

自八十大壽後幾年，摩爾作品就少了，大部分製作一些輕便的石版畫及銅版畫，在英國版畫畫壇上創造最貴價格的版畫。

昨天，新聞報導得悉摩爾逝世消息，我哀悼這位偉大的大師，免不了想起了一些有關大師的事。

從古代留下的許多雕塑名作看，當時人們稱那些作者為「意象的製造者」。現在，如果我們要衡量一下「過去」與「現代」雕塑思想的差異，可以說，在歷史上有兩種演變發生，其一是繼續「以深度來構思形式」，這大致上是遵循著「意象製造者」的傳統路子。另一個演變就是拒絕了人文主義的傳統，標榜一種「純粹形式」的絕對價值，那是亨利摩爾（Henry Moore）與戛波（Noun Cabo），一個深意式構成主義的開始。

亨利摩爾善用大自然空間，創造偉大的作品，他這方面的本領，廣被全世界人的推崇。人們用「劃時代的擎天碑」來形容他的偉大，在藝術的領域，他是「擎天碑」，也是「劃時代」的。

倫敦郊區的赫德符郡，一片綠茵中那一長排的房舍，白牆紅瓦，襯托藍天白雲，格外美麗，這就是出生在約克郡的亨利摩爾的住家。他像一位出色的魔術師，魔棒一揮，在這天然景色美好的地方，漆上了這些白房舍，包括起居室、書房、繪畫室、大小雕塑工作室等。因此，多少教授學者，畫廊主人，畫家，學生，遠從冰島，遠從東方我國的、日本，像朝聖者一樣相繼而來。

摩爾家園的確美麗，摩爾夫人對於這環境之設計，費了一番苦心，那裡該種些什麼樹，那裡該種些什麼花，都是適當地安排，花圃後邊的小棚屋，是摩爾的畫室，摩爾專心工作，有時會有不速之客來打擾，他總是友善地揮手說：「對不起，我在工作中，等候告一段落，我們再談吧！」

摩爾的聲音明亮又輕柔，而且經常咯咯地笑。他接待朋友或來訪的藝術家、畫家、學生，無論是認識或不認識的，都非常親切。摩爾有個聰明的腦袋，一雙靈活的手，從這雙手看，不像是作這麼巨大雕塑的手，不但不粗糙，而且十分秀氣，它們沒有一刻靜止地活動，手指頭雖稍短了些，但似乎有它們獨立的生命，不停地摸索在未完成的作品上，探索出作品具有的重量感與空間感，以及隱藏在其中的精神。假設把摩爾當做一個作品，製造的材料該是石灰或蠟，不是銅或石頭，能推心置腹，卻又莫測高深。

摩爾申請到皇家藝術學院獎金而離開約克郡已經六十八年了，他感嘆地說：「那時，我買不起書，嘉陵十字街的壯馬書店，是我自習的地方，我常在那兒看畫冊。」

第二次大戰時，摩爾住倫敦罕姆斯塔，他和太太因躲避空襲而搬到一個工黨國會議員在赫德符郡的家，等待一週以後，回自己的家時，發現家被炸燬了。只好到赫德符郡買下一幢老房子，房東要九百鎊，當時摩爾正好賣了一件木雕給年輕畫家戈登・恩司委・福特，以出奇的高價成交也不過是三百鎊，所以他把這筆款子用作訂金。

摩爾的妻子生在俄國，是他藝術學院的同學，他們在這裡住下來，已有一個女兒，現已結婚了，房舍是慢慢地擴建的，如今已有這麼大的規模。在書房內有許多世界各地慕名人士寄贈他的紀念物品，如羅馬尼亞的雕像，異國風味的石頭等。書架旁有竇迦及夫以雅的油畫，塞尚、羅丹等人的素描。

摩爾收藏名畫，說來也是偶然。十年前，他突然接到倫敦國稅局一張函件，問他是否曾送畫給妻女。他很坦然地答覆：「有，經常送。」因之，國稅局依法課徵贈與稅，結果摩爾被課徵了五萬鎊稅。這件事後來被喬治・布朗和德曼爵士知道了。為他設法交涉，於是，國稅局又來一張通知，說是作業有差誤，課稅率應照作品材料成本課稅。摩爾立即列出一張清單：「紙張一便士，鉛筆兩便士，人士每小時一仙令，共計兩仙令。」結果稅款全數退回來，摩爾一高興就說：「就買它五萬鎊我喜歡的名畫吧！」這消息傳出去，畫商立刻探知摩爾喜歡誰的畫，沒多久，摩爾家的地板上便放滿了價值五萬鎊的畫。

摩爾收藏畫的興致，由此而生。

很早以前，摩爾就珍藏一幅塞尚的「美女出浴圖」，畫面很小，是素描淡彩畫。摩爾一直欣賞作者用鉛筆勾線條，稍微的加上色彩，給予人物的實在性。近來，他與詩人史蒂勞・史邊德一起欣賞它，摩爾在畫面指指點點地說：

「這些人體畫得極完美，我想，要塑成立體形象。」

「幾時能實現呢？」詩人笑笑地逼他。

「當然是現在。」摩爾說著，立即取了塑膠黏土，當場捏造起來，連圖樣都不必看，那塞尚筆下的美女，彎著腰的，低著頭的，昂頭整髮的等等，比畫中所繪的更有神態。可見摩爾對這些人物的印象極深，使得詩人衷心欽佩。他看著摩爾時常像玩西洋棋盤的人物，把小雕像重新組合位置，但是無論怎麼放，都極有美感和撼動力。塞尚式的和摩爾式的，當你面對摩爾的這些小雕塑，你可以預見它在電視上轉動著角度，配著「開天闢地」的作者克拉克（K. Clark）的解說聲音。

摩爾的作品常被描寫為「龐大誇張」。但他自己可能只同意部分作品如此。摩爾不像十九世紀的雕塑家（甚至羅丹）在又高又寬的工作室裡擺滿了巨大的作品，給人壓倒式的感覺，摩爾平日非常節儉，省下錢來搭建一群不同大小的工作房，好從事不同的工作，如雕的，塑的，畫的，印的等，其中有間就像牛棚，裡面許多石頭雕像，還等著他去修飾，希望有一天，他會雕幾頭牛哩！

另外有一間涼爽的棚是做木雕用的。旁邊一間是倉庫改裝的。特別有一間，比較高大，而四周透明，像一間溫室，支柱和玻璃板可以移動，是和當地建築師設計的。起重機和大卡車在旁等候著搬運已完成的作品。訪客們不由此意識到雕塑基本上乃是建造工程。

摩爾深信：人與藝術，藝術與自然之間有密切而神秘的關係，所以室外那自由的空間，是安置他作品最好的地方。摩爾認為作品的「大」與「小」，和「彩色」，以及「形態」一樣是作品實際成功的條件。

「您能想像高不過一層樓的金字塔嗎？」

摩爾家園四周的郊野，租給鄰近農人飼養羊隻。他在原野間弄了許多圓形的銅塑，像地上冒出菇菌，摩爾稱它們為「羊之類」，就在這些作品四周有毛茸茸的羊隻，穿走其間。綠的大地，古銅的雕塑，點綴著白色羊隻，使這一些銅雕活潑起來。

摩爾計畫把他的房產地產贈給英國政府，已經組成了托管委員會。他也計畫選好地點，開始再多擺幾件作品，並築建大門、道路，好讓將來遠地訪客選擇參觀的路線。他的計畫已引起了鄰里的不安，擔心將來不得安寧。

對自己的作品，摩爾自信會引起那些被他的名氣壓得無法翻身的雕塑家反感和抨擊。樹大招風，古有名訓。摩爾並不怕那些罵他的人，他年輕時也是一個叛徒，所以他非常瞭解。他不能原諒的是有人對自己創作使命缺乏信心。

摩爾對藝術的價值有極高的自信，他認為繪畫和雕塑（包括自己的作品）的永恆性是堅牢不滅的，這一種「永恆價值觀」和他的作品一樣堅定。

摩爾平易近人，常常和訪客一談就是好幾小時，他的社交活動頗廣，社會關係非常好。對於死亡，摩爾確信：生死由天，並不在意。他是倫敦國家畫廊和泰德現代美術館的評議委員，經常要長途乘車到倫敦，參加很多討論或評議會。在車上，摩爾往往想起一九〇〇年，被徵兵參戰康不賴之役，他那一團四百人之中，生還回來的僅有五十二人，他算是命大而沒戰死。

一九二九年，他和谷拉罕．蘇德蘭同在倫敦杰西藝校教畫，當地政府徵求有繪畫基礎的人去應聘工程人員特別訓練，他們兩人都登記了，卻未被徵召，他為此常留倫敦等候，又是逃過了一劫。那時看到人們到地下火車道躲避空襲的情形，這種情景觸發他畫「防空壕」之系列連作。

這一切都屬於過去了。

摩爾逝世消息傳出，世界藝壇起了一陣悲傷，隨著時間，一切也會過去的。但是大師的作品遍達全球九十個城市，亨利摩爾這名字與作品，卻永留人間而不朽。

七十五年九月十一日中央副刊

英倫散記

白玫瑰

並不是倫敦沒有白玫瑰，而是老教授需要白玫瑰出現的時間不同。所以，要有朵需要時即現的白玫瑰，這位年事已大的教授，單獨居住這幢古老的房子，感觸格外地多。太太離開他去，兒女長大各奔東西，唯一使他念念不忘的，就是遠在南斯拉夫的女友辛娣，辛娣家境窮困，丈夫待她不好而離異，辛娣在惡劣環境下奮鬥，艱苦地活著。在老教授心裡，辛娣猶如風雨中的一朵白玫瑰。

老教授很能理家，把這一幢古老的依莉莎白式樓房整理得乾淨整齊。他藝術素養高，還能自己利用些廢鐵銲成一座雕塑藝術品，安置在房間適當角落。參觀過這房子之後，實在佩服他。房子內除了書多之外，一些放大的人體照片，老教授心地還是年輕的呢。

在他工作室中，有一盞燈自天花板當中吊下來，離地上僅是一尺半高度；燈罩是用白色塑膠片組成的，燈下灰色地毯上，放置一黑色大盤子。開燈，一朵白玫瑰顯現在黑盤子內。窗外微風吹進來，燈在搖曳著，黑盤中的白玫瑰像在風雨中搖動著。老教授在沙發座位或是旁邊搖椅座上，都可看到一朵白玫瑰飄在風雨中。

這是老教授想出來的得意作品。他是一位光學雕塑家。看他在屋後的青草地上，也有一玫瑰園，都是鮮紅的玫瑰，沒有其他顏色的。

「教授，如果在這紅玫瑰中種植一二株白玫瑰不是更好嗎？」

「不好，白玫瑰不要遍地都是，它只要一朵。」

「一朵神秘而永恆的，是嗎？」

老教授得意地笑著，沒作任何答覆。

辛娣於我們到倫敦前一天回南斯拉夫去。

她在倫敦時間，老教授陪她幾天，給她買件毛衣，陪她去博物館，請她看舞臺劇，帶她去那大草原，走那橡樹高聳的林中大道。

由於辛娣的出現，老教授工作室中的這盞燈沒有開過，送走了辛娣，臨別時辛娣說，她回到南斯拉夫之後，要拼命工作，賺錢若能夠買張飛機票，明年將會再來倫敦的。

「那是不可能的，太困難了！」老教授感嘆地說，在南斯拉夫，就憑辛娣，於一年中絕不可能賺到一張飛機票的錢的。她在幻想呀。

捻亮燈，白玫瑰在黑盤子中出現了。老教授的想像是無限的。

老教授很少外出應酬，有時候寂寞，自己去跳舞，在家，他不想做那些做不完的家事。但是，看隔壁油漆門窗，他也不能不去做油漆工作。能很充分地用在學術方面的，全是在夜晚的時間，能夠安靜地閱讀或寫作，這朵白玫瑰陪著他，一朵幻想中的玫瑰，聞不到花香，手觸摸不到的白玫瑰，它給老教授靈感，使他能活得年輕與愉快。

格林威治

引用木心寫格林威治，大概是這樣的開頭：

——地球有個地方叫英國。英國有個地方叫倫敦，倫敦附近有個地方叫格林威治，人們到了這地方，一腳踏線的這一邊，一腳踏線的那一邊，驕傲地拍照留念。

因之，誘惑我去格林威治的興趣。到這裡，並不是要看美術館，雖安皇后在此地建了一座皇宮，現在為海軍博物館與美術館，並不引起我的興趣，我的興趣就在這麼大的公園。英國的公園都是一大片綠地，與樹林。

格林威治公園是整個山坡綠地，山坡上一幢天文臺，是一般到此一遊的觀光客之目的地，貞婉腿傷尚未好，還是陪我一步步地走上天文臺。

到了天文臺，我卻沒興趣看那些以日光測量時刻的儀器，以珠球迴旋轉動測量分秒的儀器。全是儀器，叫我這個只能審美的藝術者，昏頭轉向地。寧可坐在室外，俯視這公園，綠地上曬太陽的人群來得有趣。

英國九月天氣，難得幾個艷陽天，曬太陽是一件天大的享受。許多人脫下衣服，躺在綠草地上，讓陽光來溫暖身心。小孩們卻高興地打滾遊戲。

這高處，也望到海，靠岸那艘以前駛往東方載運茶葉的航船，現在已退休了，仍然能給這地方賺錢，觀光客買票上船觀覽，也為這裡增添一些熱鬧。

我們有火車票，放棄不用，回程去乘船，在泰晤士河看倫敦最美。

人總是追求生活美化。那海岸邊的一些被廢掉的碼頭倉庫，都賣給有錢人，改建精美的別墅。我們望到別墅涼臺，躺著曬太陽的人，他們擁有了藍色的天空，及藍色的海洋，一片陽光下閃亮的海，點綴著點點海鷗，真是人間仙境。

沒有半小時，遠處大板鐘，上議院下議院，西敏寺逐漸從模糊瀰漫中顯現，一幅極美的畫面。

那幢我曾住過的房子

每次，我來到倫敦，最喜歡在海德公園坐坐或散步，可以寧靜而舒適的歇歇腳，忘卻了旅途中的艱辛。

一大片綠地，那些樹林，保持著原有的生態。坐在這裡，享受著大自然之美。我們是走累了才進入海德公園的，在乾淨道路旁座位坐下來，正朝向那熙熙攘攘的街上，貞婉指著前面威爾敦街那古式豪華的房屋說：

「那幢房子，我們曾經住過。」

是呀，對準這座無名英雄紀念碑，就是威爾敦街二十六號。

快將近十年了，我應邀來英國畫展。那時候，侯麗雅因先生是美國大陸石油公司工程師，英國請他到北海油田工作半年，優厚待遇下，美國公司派他到英國來，在倫敦威爾敦街這貴族住宅區租下房子給他們住。侯麗雅是貞婉鹿港同鄉，自小學、中學到臺大都是同學，感情很好。麗雅的先生經常在北海油田工作，家裡常是麗雅一個人。

侯麗雅得知我們來英國，掛電話四處追蹤尋訪，終於在威爾斯瑪麗安教授家找到我們，要我們搬去與她同住。

我們在她那裡住了半個月之久。白天我們出去，莎士比亞的故居、牛津、劍橋，附近的名勝地區都去過，有時她也陪我們一起去，晚上回家晚餐，敘敘家鄉小事。

威爾敦寓所的確豪華，這一帶都是大官或駐英使者級的人住的。在這裡常可看到門口釘有小銅牌：「某國王或親王，幾年到幾年在此住過。」有一天，侯麗雅開玩笑地說：「陳某、丁某、楊某、侯某於幾年到幾年也在此住過。」

麗雅的住所在三樓與四樓。三樓為大客廳、書房、餐室與廚房。四樓為一間主臥房及三間客房。佈置華麗，壁間名畫與藝術品，均列冊移交，若有損壞，得負賠償責任。

住這裡的確舒服，從窗眺望海德公園，很近，晨間或黃昏到公園散散步，帶些麵包，坐在槭樹下餵鴿子，或是坐在池塘邊養鴨子，十分有趣。

侯麗雅在這家中請過客，讓那些自美國來的客人，看看她在倫敦住過這麼體面的華麗寓所。

以前去倫敦，我們都是住哈德生教授家，他家在金士敦，離倫敦市有三十分車程，交通也很方便，火車與巴士都可抵達。

今天，我們坐在海德公園，望威爾敦街，想起一段往事。前次，我們又來倫敦過，每次總會想起侯麗雅與楊祖禧的。

肖像博物館

在倫敦，我看過許多博物館，最喜愛大英博物館、泰德美術館、現代畫廊等，整天待在那裡，當腦子裝不下那麼多美的資料，我就想輕鬆地去看場舞臺劇或歌劇。

經過肖像博物館，貞婉建議進去轉一圈就出來，不用腦筋、也不要耽擱太久時間，反正英國國家博物館是不賣門票的。

肖像畫是一種繪畫藝術，早期繪畫都以肖像為主，這裡除了肖像畫之外，尚有肖像雕塑。這個館內共有五層，以最早的自樓上陳列下來，觀覽者是從近而遠地看上去的。

為什麼這個館看的人不多，這原是皇家家族畫像陳列畫廊，讓大眾公開瞻仰英國皇家歷代皇室家族肖像，每一層樓的重要地點，畫得最大，雕花畫框最美，必是國王或女皇，其他皇親國戚的肖像排列在左右兩邊。來這裡觀覽的人，除了尋找一些歷史畫片外，很少人會花很多時間作美的欣賞的。

近來，他們籌到一筆款改善這個館，收購了歷年來英國的偉大文人、畫家、音樂家、戲劇傑出編劇與演員、科學家等人物肖像畫及肖像雕塑。從皇室擴展到英國歷代名人。

自二樓第一間展覽室，我可看到許多熟悉的文學家及畫家，最新設計的窗口式，活動電動的肖像繪畫（包括攝影、油畫與素描），許許多多窗口，並附有文字說明，每五分鐘轉換一次。燈光照明也配合得當。雕塑品大的比人高，小的只有四五寸高及浮雕，搜集得相當齊全。

有許多是畫家自畫像，其中有一幅百號女畫家的裸體自畫像，也在這嚴肅的肖像館出現，可見這肖像館逐漸地走向現代。

露天藝廊

星期天，海德公園鐵欄外，供給街頭畫家展畫，許多雕塑家及手工藝品製作業也來湊熱鬧，形成了一大露天藝廊。

公園鐵欄杆外便是馬路的人行道，很寬，不致於影響行人通道。畫家每人佔十公尺長度，自備一大塊塑膠布，對摺掛在鐵欄杆上，一面可當背牆，掛畫之用，萬一突然下雨，把塑膠布另一面翻過來，擋雨用，保護畫作不被雨水淋濕。

我前次去倫敦，在這裡買到一幅很好的銅版畫，作者是一位跛腳的中年人。

「你的作品很好，怎麼不在畫廊展出？」我問。

「我才不要。畫廊抽成高。在這裡，我賣一幅算一幅，蠻實在的。」

也對，這對賣畫與買畫的人都有好處。

今年，我們到倫敦那天，巧逢星期日，我們再去海德公園旁看露天藝廊，對那鐵銲的「人生百態」小型雕塑品極為欣賞。貞婉想買那坐在馬桶閱讀報紙的，我選擇那畫家在作畫，每座只要六鎊錢，只是臺幣三百元。

在這裡的畫各有不同風格，其中一位老畫家，專為人畫像，四開大粉畫紙，用粉彩畫，大約十分鐘完成一幅，每幅十鎊。許多人排隊等候。

老畫家以熟練手法，抓住被畫人臉上的特點，所以很快也很像。

其他許多以最小的畫布，畫倫敦的市景，賣給觀光客作為倫敦之行紀念。首飾工藝品，引起婦女們的喜愛。

星期天，市面店舖不開門，唯有這裡露天藝廊熱鬧起來。

七十七年十一月一日臺灣副刊

肯家的玩具世界

位於倫敦市郊肯的家，是我們去倫敦時住的地方。肯是英國人，倫敦大學教授，退休之後，仍然被教育部派到以往英屬的幾個地方去作短期教學工作。去年他從錫蘭教學數月之後轉到臺灣來我家作客，可以說世界他沒走到的地方太少了。

那年自臺灣回英國，政府給他一筆款，讓整修他的住家，因為金士敦這一帶古式房屋，政府維護得很好。房子並不太古老，尖屋頂，窗突出牆外。經過一修，屋內完全現代化。

進門的一塊空地，鋪上白瓷磚，上樓的一壁磚形浮雕，客廳外壁是肯畫的一長條白底黑線條的抽象畫，一座鐵銲成的雕塑。

要進客廳門邊吊下一武士傀儡，非洲土著製造，紅臉大鬍子，身穿盔甲，一手拿刀，一手取盾。看他把著門，使人害怕。客廳壁間掛了四幅畫，一套自法國買回的大型沙發，沒有木架，直接安置在地毯上，軟軟地，我喜歡躺著睡午覺。一隻大圓桌，一長櫃臺，排滿了玩具，孟加拉老虎，馬，木製的雞，瓷人形，都是出自土著手製，圓桌上擱著玩具太多，有時他隨取出一件，就能說了大半天這東西的來歷。

一中國大陸買的木偶，豬八戒，一盤用麻紮成的小人，可以當刷子用，兩隻荷蘭木雕鴨子，一輛木製汽車，坐著兩隻小老虎，紅髮的洋娃娃，一隻尖嘴的豬。

長沙發上有一布製的老鼠婆婆，抱著一隻小貓，躺在一角落。

隔壁一大間為肯的工作室，除了一張長大桌子外，一面矮櫃上也排滿玩具，一隻日本買的恐龍，電動的，能走也能開口吼著。

「這恐龍揉合了日本軍國主義，從玩具可以看到一個國家的文化。」肯說。

肯對木工組合的汽車很有興趣，這房子內至少有五件大小不一的汽車。

一尊中國傀儡，白臉書生，躺在櫃臺上。

在廚房內有一俄製的廚師，電動，電扭一按，廚師在灶邊煮東西，一手執鍋子，一手放鹽。手頭都動著，正如在煮東西。一矮人，頭能搖動，及一警員，腰部一把鎖匙，它是撲滿。一位捷克友人送他的生日禮物。

上樓梯，有一大簍的人形玩具，是修理房子時收起來藏著，還沒有時間把它們再擺回原處。

前次我們來倫敦，那時候，瑪麗蓮小姐，搬出許多中國大陸買回的玩具，像八腳駱駝，會走路，會爬動的熊貓，一件件表演給我們看。以後，他們去西班牙度假，房子交給我們，第一次上樓在盥洗間外，吊著大型傀儡，青臉獠牙，手取弓箭，旁邊一隻馬。看起來像是泰國買回的，真是嚇人。樓上三間臥室，除了書架之外，還是玩具，古怪的人形最多，鳥類及動物也不少。

肯對藝術的觀點是非常偏執，他以為必須當地所創造的而未受外來之影響的。像那些印度、孟加拉，非洲各國等落後國家的土著用泥土揑成的玩偶，才能代表當地民族文化，才真、才美。像上過油漆的欄杆，看不到本色，就失去了真，談不上美。他幾乎是重視造型，彩色不喜歡過於豔麗。

在臺灣，我陪他去看故宮博物院，鹿港民俗館，參觀了許多國寶，而他卻喜歡鹿港民俗館，他說「故宮是帝王的東西，除了豪華貴重之外，沒有民間用品，大眾欣賞的，來的有意義。」他非常喜歡鹿港民俗館，還有興趣把那些中文說明譯為英文，使更多的外國人都能瞭解。

有時候，他上菜市場去拍照，看到出殯，大為興趣，那麼大的棺木，使他驚奇。

現在，我住他家，看他搜集的這些玩具，感覺得他怪，大體上是人形玩偶，木工組合，銅雕木雕及布製造的娃娃，擺在各臥室，膽小的人，睡了會做惡夢的。

「小孩到這裡來，可樂了。」

「錯了，這些都不是小孩所喜歡的，而且我不會讓小孩去動它們的。」

真的，他的這些玩具，並不是供人玩的，只是他作為研究當地土著文化用的。

在肯家住，我不敢去動他的玩具，因為這些都是他的寶貝。

七十八年二月二十六日西子灣副刊

甘達爾的「推舟」

再度來到英吉利康伯蘭州的甘達爾。這小鎮改變了許多，一片碧綠山谷中的小城，連這一條甘達河也清晰，河流兩旁青青草地，兩行樺樹也變得整齊可愛。

十年前應馬麗安小姐之邀，到了英國順便遊覽國家公園湖區。馬麗安小姐是貞婉倫敦大學同學，她父母家住甘達爾，湖區附近，景色幽美的小鎮。馬麗安在此出生，小、中學都在此地唸的，對湖區十分熟悉。

以後幾次到英國，都沒有再往湖區去，這一次因為要去一趟蘇格蘭，就順途來甘達爾。馬麗安安排我們自倫敦直接到湖區，她父親湯姆・司濱諾開車到車站來接，湯姆・司濱諾老先生，年事八十以上，身體尚十分健康，大概是小鎮風光好，沒有空氣污染，人當能活得健壯些。

湯姆・司濱諾夫婦，雖是第二次見面，因為常有信件往來，卻很熟悉，司濱諾太太有喜愛象之癖，喜歡搜集各樣大象模型。馬麗安是他倆的獨生女，至今未嫁，卻很孝順，在非洲教書時，為媽媽買了一張桌子由六隻大象組成的，其他的象有銅製的、塑膠的、布製的、木雕的、瓷的等等，客廳中成為象園。

我們是中午一時許到的，他們安排我們中餐，司濱諾老先生陪我們去小鎮，介紹小城的許多古蹟，甘達河是英國水流最急的，河水自山谷來，自上而下，橋與橋之間有梯形小水壩，有兩三階，說是便利鱒魚逆游而跳階至上游產卵之用。

本月本鎮有慶典，最有趣的活動就是「推舟」比賽，晚上七時開始。

晚餐之後，大家一起步行到鎮上甘達河旁看「推舟」。今年雨水多，水深，而風吹得令人發冷，我們穿上毛衣，打著傘，擠在河邊看熱鬧的人群中。

小舟不大，每組五人，其中一人坐在小舟中，其他四人，各負責小舟四個角落，用手推動。先後甘達河上游第一道橋下直放下流，到了小水壩梯階，常會弄得舟翻人散，一直流到第四道橋，再逆水把舟推回，大概有一千公尺左石。

今年有二十組參加，都是青年人，每組四男一女，女士當乘舟人，最苦的一人，衣服濕了，又得受風吹雨打，整身發抖，四位男士雖是泡在水中，但出力推舟，不會感到寒冷。河岸觀眾有啦啦隊，口呼手舞，增加了熱鬧的氣氛。

這小鎮，地廣人稀，全鎮僅有兩萬多人，但是有上萬的牲口，從鎮上望那四周的小山坡，綠綠的草地，陣陣的牛羊，這是鎮民主要的產業。

英國經常是到了晚上九時還有太陽的，今晚下過一陣雨之後，天又晴了。

回到家中，到了喝夜茶時候。在客廳坐著，司濱諾太太自製的點心，泡了茶，大家談談。

「中國民間每年端午節，有划龍舟比賽，是紀念戰國時代愛國詩人屈原而舉行的，並要吃粽子。甘達爾推舟是否有什麼意義？」

貞婉把楚國三閭大夫屈原，自沉汨羅江故事說了一遍，二位長者都感十分有趣的民俗活動。

「關於甘達爾的推舟也是很早流傳下來的，據說甘達爾為了防止蘇格蘭人來搶奪財物而興建極厚的城牆，城之外護城河，蘇格蘭人來搶，把城門一關。為了要防匪徒涉河爬城牆，必先訓練能游泳的人，因此，有推舟比賽的舉辦，一直流傳到今天。」

甘達爾市政廳側面新建一巨型現代雕塑，遠看像幾條白布，其實是以白鐵板做成，而用噴水配合，意義是表示甘達河的水，養育了人民與牲口。發展「推舟」沒有我國划龍舟熱鬧，而在這小鎮上的慶典活動，增添了不少歡欣與鼓舞。

七十七年十二月八日西子灣副刊

畫家新行業

在巴黎、倫敦、慕尼黑、馬德里、羅馬幾個大都市中常常可以見到一些奇怪的東西。少女龐克頭髮、奇裝異服卻不算稀奇了。近年來流行少女在面孔上畫上彩色的花紋，連手臂上及裸露的胸背上，出現在大街上的，日漸增多了。

說來也並不奇怪，在臺灣，張杰不是曾給電影明星在背部畫荷花嗎？不同的只是在畫時給電視記者拍個鏡頭，而達成某種任務。

今夏去德國是應烏倫市文化中心主任亨寧博士之邀請，在他家住了幾天。有一天晚上，他夫婦帶我們到多瑙河畔看烏倫市夜景，經過一家夜總會門外，有三位盛裝少女，剛剛畫好了臉上花紋。一位是從眼睛到額頭上一個半圓形，用紅、青、黃繪成圖案，眼睛以下到嘴，是用淡紅色而漸漸地淡白。另一位是半邊臉用紅黑線條繪成蛇之圖樣。第三位是從左耳邊到右耳邊一條兩寸寬圖案，十分奇異。貞婉大為驚奇，要我站近他們，為我拍照，被我所拒。

「現代年青人，想表現突出，怪模怪樣去跳舞。」亨寧博士說。

在英國，去蘇格蘭住了一星期，到了愛登堡，在街頭上，除了那留鬍子穿裙子男士吹奏當地的特有樂器，觀光客站在其旁拍個照，丟幾個錢之外，就是有許多畫家，為人臉部畫花紋，一張厚紙板，事先設計好的一二十種花樣，隨意任客人選擇，註明：大人兩鎊錢、小孩一鎊錢。許多父母帶著十幾歲少女排隊等候。畫家只有一隻供客人坐的椅子設備，自己站著，便利工作，生意很好。這種畫家新行業不錯，比那些在大教堂廣場地上，用粉彩畫一幅大畫，讓觀賞者丟幾個錢，來得高雅些。

歐洲人大多注重美的欣賞，歐洲畫家多，除了有名氣的，作品可在畫廊展出外，許多街頭畫家，在馬路安排些作品，廉價出售，而給觀光客速寫肖像。現在又增添一項為女人畫臉譜。

我問倫大哈德生教授，關於這一行業的看法，他找了兩本「肉身的藝術」雜誌給我看。

「在身上，臉上繪畫花紋，主要的是減少紋身之風氣，紋了身，永遠無法洗掉，以後又後悔了，怎麼辦？畫上去的，經過一二天，即可洗掉。」

「我看畫家以圖案廣告顏料為她們作畫，不怕有傷害了皮膚？」

「他們用的不是廣告顏料，而是特製的，使用在皮膚上的色彩，沒有含鉛的成分，經過國家檢驗局認為合格的才能夠出售。」

我們在愛登堡美術館前，等候十時開門。這時候，門外就有一位女畫家，把椅子擺好，掛起臉譜招牌，還沒客人的時候，貞婉問她：

「生意如何？」

「還可以，有時候二三十鎊錢，周末與星期天可以收入六七十鎊錢。」

「你是學畫的嗎？」

「美術系三年級，假期賺些錢。」

一位女士坐上椅，畫家開始工作。

我們進了美術館，欣賞著一批印象派大師的畫，那女士畫了臉譜，顯得非常得意，看到人總是笑瞇瞇地。好在美術館內燈光亮著，可以清楚地看，要是在古老的小教堂，四周是墳墓，教堂內暗淡燈下，我會把她當作女鬼哩！

七十七年十月十日西子灣副刊

湖區掠影

河谷低處有柔柔耳語升起
是林蔭輕狂的風，是奔流的溪在唱
驕陽也徜徉在附近
河谷碧綠的草茵吮吸豐沛的甘霖
綻放遍地萬紫千紅

——密爾頓

去英國，免不了想去湖區，這最大的國家公園裡，讓在繁忙生活中，作短時間的休憩，鬆懈一下心情最好的地方。這裡有藍天白雲，有清晰的湖水，有青青的山谷，有蓊鬱的古木。只有鳥叫聲，沒有噪音，也沒有污染。

八月底，湖區已經寒冷了，有時飄著細雨，有時陽光，使湖面隨著變換彩色。我坐在林邊的一塊石頭上，望著湖面，遠處的山，不管那雨絲沾濕了臉，或是陽光燙紅了面頰，仍然為這一片如詩如畫的景色所吸引，腦子裝了美的，清的，靜的。夠了，湖區帶給我的是來歐洲的兩三個月來所聞所見的不同境界。

倒是貞婉興致勃勃，打開速寫本，畫素描。

兩隻天鵝游過，沉寂的湖面劃了痕線，隨後又消失。

太陽露了面，在灰藍的湖水，也明朗起來，如同一面巨型的鏡子，映出了天空的行雲與飛鳥。

突然，我發現了在水邊那些黃水仙，密密地開了。使我想起了湖濱詩人渥茨華斯的詩：

我如高空浮雲孤獨徘徊踉蹌
飄過深谷，飄過山崗
忽見有花影一片
蕩漾出金黃的水仙
在湖濱，在樹下

顫顫迎微風漫舞
水仙那片花團錦簇
沿湖畔無邊無際開放
有如銀河群星
閃爍璀璨
一眼望去黃花千千萬萬
搖曳生姿在酣舞
翩翩起舞的湖光波浪
歡樂則難比湖邊朵朵水仙
與歡悅的群花為伴
詩人那得陶醉
我癡癡地望，癡癡地看
茫然不覺，此時美景已賜我以財富
賜我財富永存我心

寂寞時乃有至福
每當愁來無方斜依床上
有金黃水仙一片眼前映現
我心何等雀躍歡欣
也酣舞也搖曳，心隨水仙

貞婉合上速寫本，要去安布塞德的李達爾山，再度探訪渥茨華斯故居。上次到湖區，馬麗安帶路，現在已經熟悉了，該怎樣走向那小山坡的林中白屋。

十九世紀英國詩壇算是湖濱詩最活躍，渥茨華斯（William Wordsworfn, 1770–1850），柯羅律基（Samuel Taylor Coleriage, 1772–1830）和莎第（Robert Soutney, 1774–1843），他們常在霧濛濛雨漫漫，山頂上籠罩著奧祕的層雲，和銀灰色的沼澤所構成地球上最優雅風景區，索取詩的靈感。

白屋重新漆過，屋內的擺設卻無改變，臥室，書房，廚房餐室，詩人妹妹的臥室，壁間仍然糊著舊報紙。

逗留一小時之後，我們走向湖畔，一群老年人在釣魚（可能限制年紀大的人才能釣的）。

太陽偏西，湖面一片渾黃，水中的蘆葦草，連同倒影，格外地長。遠山的倒影更美，一幅水彩畫面顯現，一首小詩，寫在心頭。

以前，我在這裡作過一幅版畫「給西克小鎮」，今天我想作一幅「黃昏的湖上」。詩人莎第是埋葬在這裡教堂墓地，重修不久的雕像及墳墓。

湖上霧漸漸地濃了，一片模糊的時候，我們去小鎮晚餐。

在湖區，我們要看黃昏和早晨，山嶺不高，露水輕籠著山頭，太陽突破霧層，乾淨的草地，常綠的樹葉，露水點點滴落在花叢中。樹、草、花，以及湖水，一片清新。

草地青青，點綴著綿羊點點白，使這片謐靜的綠地，也動了起來，我又記起了玲君詩句：

你交結了浮動的
青的天、水、樹、夢於一色
又魔法地搖著我的過去，現在，與未來
做為時時思憶的依據
可是，你終於斷續地消失了
只零落如過時的薔薇花瓣

傳出單純的，遙遠的，幽寂的聲音

從窗口望去，早晨的湖區還是在一片白濛濛裡慢慢地呈顯出遠處山頭的輪廓，到了太陽露面，湖上才顯現一片金黃。樹林的鳥雀吱吱喳喳地叫了，晨光的景象是如此的美好。

要想走完湖區各處，得一周時間，我們既不放艇，也不張帆。我蹲下在湖邊水中摸取石子，像在海濱撿貝殼一樣的快樂。心中是多麼單純，像那遠處的山，幽寂地俯聽湖水的聲音。

給西克小鎮熱鬧了些，那家賣小石子店，人進人出，不比那家飲食店差。

一隻松鼠來討食物，該給牠什麼？提包內僅有巧克力，而牠要的是麵包，不給吃，牠不肯走，給牠一小塊帶有辣味的肉干，牠咬了一口，吱吱地大叫，跑了。我無意傷害牠。

我非常懷念入口處不遠的一家建在山上的小酒店，上次馬麗安的中學同學，晚上請我們到那裡喝酒，開車上山的，說是氣氛蠻好，可親切地自由交談。但是座位及內部設備很簡陋，酒的價格不低，飲酒的人，有些醉意，可取筆在牆上題詩。

小酒店停車場有了幾輛車，已經生意開始了。

天暗，湖區的露水、霧也濃，車子開得很慢，從車窗望出去，遠山不見了，樹林中濛濛中的影象，燈光只見一點點黃。

出了公園口，車子上了大馬路才加快行駛。

七十八年一月四日西子灣副刊

走過愛丁堡

愛丁堡是英國北部蘇格蘭的舊都，六世紀時由古魯族的艾迪安王建立城堡，十五世紀詹姆斯一世、二世均為蘇格蘭首都。十八世紀與英格蘭合併成為英國的一部分。

市街貫穿東西的王后大馬路，南邊舊市區的中心，聳立愛丁堡城。一踏入此地，就給人以詩意而美麗的城堡

藝術節

八月底，英國北部已經寒冷了。為了趕赴愛丁堡的每年一度藝術節，我們從湖區搭車去愛丁堡，湯姆・司濱諾老先生送我們到小火車站去候車，老先生為我們買了一份報紙，一盒巧克力。他說，可以排除車上的寂寞。

愛丁堡是蘇格蘭主要大城市，這裡是與歷史王家有密切關係的文化中心，被稱為「北方

的雅典」。

詩人羅勃・柏恩斯（Robert Barms）稱讚「以不屈的英姿巍然聳立雄偉城堡」。看那矗立在背的巨大岩山上的古堡，由此向左拐，便是聖哲爾斯大教堂，住這邊的許多古老房舍。貫穿城堡的一條舊市街的末端，便是候利爾德宮殿。

聽說這地方，在歷史上發生過重大的事情，引起了來參觀的人之興趣。年輕瑪莉女王，十五歲就成為法蘭西斯二世王后，使法國宮中許多粉黛失色，然而恩寵的日子並不久長，兩年之後即喪偶。因此，不得不返回英國，她拒絕伊莉莎白所推薦的寵臣杜德里（Duanley），以後被封為來斯特伯爵，而與堂兄達恩里（Darley）成親，婚後，在這宮殿住過一段日子，她對丈夫感到失望，芳心暗許里契奧（Rizzio），給達恩里發現了，心中嫉妒，想把他殺掉。一五六六年三月，里契奧在高塔三樓餐廳飲酒，突遭襲擊受重傷，然後拖到瑪莉面前殺害。屍首被遺棄在隔壁的「謁見女王大廳」門口。這悲劇發生在女王寢宮，現在此室還懸掛瑪莉女王的油畫肖像。北邊牆有一個小門，是表示加害者登堂入室來樓梯口，遺棄屍體的地方。

當晚，極力護衛瑪莉女王的是柏斯衛爾（Bothwell），以後獲得女王的信賴，慢慢地發展愛戀。以後瑪利以甜言蜜語把在格拉斯哥靜養的丈夫誘回來，趁他入睡時，把他炸死。而瑪利就在之前與達恩里舉行婚禮的同一宮殿旁的教堂，為丈夫作完葬禮。隨後即與柏斯衛爾舉行結婚大典。那時她已經懷孕，而被逐出蘇格蘭。此時，為她伸出援手的卻是伊莉莎白。後來為了暗殺伊莉莎白事件，瑪利受牽連而被處決絞刑。

這麼恐怖的政治舞臺地方，現在改為愛丁堡大學城，讓學府來淡化這些歷史悲劇的氣氛。許多觀光客擁進愛丁堡，因為趕赴這裡藝術節。藝術節時間為一個月。這裡有四處劇院上演歌劇與舞臺劇，公園舞臺有音樂演奏會，美術館延長開放時間，並安排一連串藝術講座。早上有百人以上的風笛手吹奏，通過王子街，晚上有軍樂隊在城堡前廣場遊行演奏。大學城，圖書館也開放供人參觀。據說這個活動自一九四七年以來，每年八月下旬星期天開始一個月。

我們預訂在這裡住兩天，沒有熟人，要不到藝術講座的邀請卡，想去聽聽要憑邀請卡入場。去看場歌劇，因為走錯了路，到那裡，劇已開演了。「西線無戰事」在一教堂上演的舞臺劇，大概是臨時借教堂演出的。第二天是禮拜天，我們還在這教堂望彌撒的。因為來了不少觀光客，街上就顯得熱鬧起來。

只好去公園舞臺聽孟德爾音樂演奏，座位是露天的，在寒冷氣候下，我們都穿了厚厚的毛衣，購票入座。座位只有七成人，在外面的人比入座的多。

公園斜坡有二層人行道，路邊有椅子可坐，居高臨下，仍然可聽到優美的演奏，而且十分自由，不想聽隨時可以走。在座位內的人，是不好意思在樂章未演奏完畢而走出場去的。

有人捐贈椅子

愛丁堡城聳立在巨大的岩石上端，石眺望卡爾頓山。那模仿巴特農（Pathenon）神殿的多利安（Do-ria）式石造建築物。只僅是豎了幾支石柱便停工了，令人想起巴特農神殿來。山下也同樣模仿雅典特色斯（Theseus）神殿的多利安式築造，現改為藝術中心。

再看城的附近，在王子街公園深處，兩座愛奧尼亞（Ionia）式的建築物，一座是畫廊，一座是皇家蘇格蘭學會。看到這一類建築物，就會使人產生一種這裡就是近代雅典的印象。

愛丁堡之美麗，美在它巧妙地利用了天然地形。英國的城市大半位在河川流域，缺少自然美的變化。愛丁堡則在幾座小山丘所圍繞的丘陵上，而中心是一座建有城堡的山岩，有陡峭的斷崖，周圍的山崗尚有點點的湖沼，各式各樣的建築物在山崗起伏排列著，創造了世上罕見的自然與人工調合而成的美妙景致。

貞婉以前曾經來過，她說，公園變化最多，現在那些不該種花的地方，一片綠油油的草，更美。

王子街一帶，據說是歐洲最美的一條大道。一邊是商行，寬大的馬路，再是人行道，種著高大的橡樹，路旁名人銅像，除了那座高高塔尖的司各脫紀念塔，還有哲基爾博士，海德先生，羅勃路易・斯蒂文生，柯南、道爾，科學家貝爾，外科醫生之父約瑟夫・李斯德，名人的銅像。

大道下坡是公園，有二層人行道，路旁有木製靠背椅子，同一樣格式，十分整齊。這椅子是大家捐贈的，椅背一端認捐者可以刻字留念。我看到一位外地來的人，拿出筆記本在抄，十分好奇，也去看看：「為紀念母親逝世十週年捐贈」，「為慶祝父親八十誕辰而贈」，「我送椅子在公園內，讓坐在這裡，為更接近天堂」，「為了解決你之煩惱，請在此坐片刻吧」，「人生最甜美，就是坐在這裡，回憶一下童年的夢」，「我把省下的錢，捐座椅最有意義。」……

難怪有人對這些句子發生興趣。

坡的下面，有噴水池，一株古怪的楊樹。

我們走累了，在此坐坐，望那遠處岩山上的古堡，確是幅好美的畫面。

愛丁堡市區有四座較大的教堂，我們走去那座主教座堂，很多人圍著觀看一對結婚的人，新娘白禮服，新郎卻是西裝上衣，穿紅底黑格子的裙。本來我以為穿裙子的男士是吹水笛的賣藝人，原來男人穿裙子是禮服。

舊市區在南邊，新市區在北邊，北邊面對著福斯灣。新舊街許多方面形成鮮明的對照。

舊街富有中古時代的魅力，新街具有喬治王朝時代的優雅感覺。

在蘇格蘭眾多大學中，愛丁堡大學算是一所新的大學，為國家社會造就了許多著名人物。十六世紀創辦，校址在舊街的張伯斯街，主要校舍是愛丁堡喬治王朝式建築物。老一輩的畢業生當中，有休姆、高德史密斯、司谷脫、卡萊爾、達爾文等人。

愛丁堡引以為傲的學術中心還有國立圖書館。在英國僅次於大英博物館及牛津大學波德利安圖書館。藏書二百萬冊以上。並有重要抄本，如司谷脫、卡萊爾等人的原稿，柏恩斯、斯蒂文生等人的書簡。

新穎購物中心

車站斜對面，一家新穎的購物中心，在街道上並沒有店面，而是一處有圍柵之地，空地上有樹木，有座位多處。這空地是入口地方，電動梯可以上下，第一層，有噴泉與樹木、花卉。有二三十間售貨店，如埃及館，專辦埃及希臘的土產，其他各間，有專售羊毛製品的為多，家電及五金行都有。各間擺設都很藝術，價格也比大公司低廉。

再下一層為食品行、飲食店、化粧品、服裝店、咖啡座等。

每層的電梯出入口空地，有些街頭藝術家所佔據，如為人畫臉譜的，為客人剪紙的，為客人畫素描，為客人畫漫畫肖像的，賣小幅水彩畫的，專製作假花的，彈吉他的，畫小丑臉為兒童說笑話逗樂的。

這購物中心成為觀光客必須一遊的地方，每天都有數萬人出入。貞婉對這裡很感興趣，當然是看看羊毛衣、羊毛毯，如果有合意的順便帶一二件。而我卻興趣在埃及館看些印在刨木皮上的版畫，看了許久，尋不出一張比較合意的畫。

我們進一間咖啡店歇腳，吃一塊當地的蛋糕，很不錯的。在這裡座位舒適，看各地到此的觀光客，怪模怪樣都有。難怪住巴黎畫家安善敦，沒事時喜歡坐咖啡館內看不同樣子的人，對作畫是很有幫助的。

街頭古怪人物

白天，王子街一帶總是人潮擁擠的地帶，突然出現了一位巫婆打扮的女人，散髮，畫上巫婆臉譜，白色衣袍，特高跟的靴子，手執帚把，後面跟著一群小孩，在人群中走去，沒有鼓打，沒有音樂，默默地走著。我想，她不可能為公司做廣告，身上沒有任何的宣傳品。想不通她幹麼發神經。

過後不久，又有個奇異的人出現，臉部及衣裳均為半邊黑及半邊白的陰陽人打扮，靴子特別高，顯出比常人高出一個頭來，仍是有群小孩跟著。不唱不喊，默默地走著。

「街頭出現古怪打扮人物，是為了這藝術節嗎？」貞婉問我。

「不可能。」我說，但我想不出她們到底做什麼。「大概是為某種戲劇宣傳吧。」

「宣傳，總得說說唱唱，人家才會知道呀。」

「可能是瘋子。」我只好這麼說。

警察有公權力

我們在湖區住湯姆・司濱諾家的時候，他常說湖區一帶村落，從前常常遭蘇格蘭人來搶劫，所以他們小鎮圍牆很厚，都用粗石塊砌成的。所以，我想到這裡人比較野蠻性。

大馬路上突然一陣騷擾，許多膽小觀光客往店內躲避，氣氛十分恐怖，流氓在打架，用木棍，用石塊，連路旁汽車玻璃都擊破了，人已血流淋淋地躺在路上。好在警騎自四面包圍式地趕到，歹徒五六人，各自逃跑，不到幾分鐘，一個個被抓回來。這時一部警車開過來，把歹徒押上車帶走了，被毆傷的人，由救護車送進醫院。大街上回復了平靜，警察騎上馬，匆匆地離去。大家無不稱讚警察的公權力發揮。

愛丁堡街上很少看到警察的，案件發生，警騎立即自各方趕到，歹徒是無法脫逃的。

回到旅館，年青老闆請我們喝茶，在小客室內感到溫暖。談起了關於街上打架事情，老闆說，這種事不是常發生的，而警察權力很大，流氓如果拒捕，即會挨揍，他們都怕警察的。一聽警騎聲，拼命地逃跑，但怎能跑得比馬快呢。

B＋B旅館

大概是因為藝術節的號召，許多人擁到愛丁堡，城裡的大小飯店都掛客滿，我們只好退一步去找家庭式旅館。在英國與愛爾蘭地方常有人家門口掛有「B＋B」之招牌，所謂「床舖與早餐」(Bed and Breakfast)。如果是在小鎮，沒有大飯店與旅社的地方，最為常見就是家庭旅館，家中房子多出來的，租給過客住與供給早餐，便利過路客人，低廉價格，又親切。貞婉在住宿詢問處，找了一家，主人說五時要去參加朋友婚宴，要我們立即乘計程車前去。

家庭旅館不可能在市中心地帶的，總是比較偏遠一點的地方。一列好幾家都是，我們進了門，年青的老闆，幫我把行李送上二樓房間。房間不錯，一張大床，一套小型沙發，一洗面盆之處，有機關，改變成為淋浴地方，洗澡之後復原。另外一電熱爐，茶壺。每天供應茶葉及咖啡，可以自己煮茶或泡咖啡。

老闆給我們兩把鎖匙，一是開店門，一是開房間。

我們洗個澡，休息一下，喝杯咖啡，然後出去逛街，找家大餐舖，好好吃一頓晚餐。附近有公車站，車班不多。運氣好，等不到兩分鐘，車就來了。到了市中心，逛了幾家大公司，與倫敦一樣地熱鬧，都是人潮。八時公司打烊，我們去找餐館。

十時回到旅館，老闆已經回來了。

「老闆，歌劇票能代買嗎？明晚的。」貞婉問他。

「很難，我可以試試。」老闆說，「現在這裡歌劇變了型，沒有傳統歌劇好，不是唱與演，而是雜劇。」

「倫敦仍然有好歌劇看。」

「那是倫敦，這裡票價低，沒有好的。」

「為什麼不提高票價，請好的歌劇團來演。」

「以往都是，今年不行。建議你們去看芭蕾舞吧。」

第二天上午八時，我們下樓到餐廳吃早餐，餐室十分雅緻。貞婉要為我拍照，老闆過來。

「我為你倆拍，在這幅新買的畫下的餐座。」

「老闆喜歡藝術的。」貞婉讚美他。

一幅淡色調的四十號油畫，不錯。

「平生就喜愛繪畫與陶藝，沒有旁的嗜好。」

看他家的佈置，處處看到繪畫與陶藝品，他不是在吹牛。

兩位美國佬進來，埋怨這裡太偏僻，十二時沒有公車了，走路回來，找到這裡已經夜半一時多了。

亨丁頓一瞥

十七世紀時，蘇格蘭國王詹姆斯六世為繼承伊莉莎白女王，舉行加冕為英王大典，自愛丁堡前往倫敦，曾在亨丁頓借宿在望族奧利佛・克倫威爾（Oliver Cromwell）府第。克倫威爾是清教徒革命領袖。

我們去亨丁頓看看克倫威爾博物館。

這市鎮很小，人口只有五千多人，市中心一座古老的歐先茲教堂。克倫威爾洗禮時所用的聖水盆，仍保存在聖堂內。

克倫威爾少年時在清教徒教育的文法學校就讀，學址就在教堂斜對面，至今尚保存當年的景象，改為「克倫威爾博物館」，買票入內參觀，有數件重要東西，查理一世的死刑宣判書，共和國國璽，克倫威爾的頭像雕刻等物。關於克倫威爾故居遺跡，經過馬路即可到達，只有一小部分院子，還留著當時的模樣，其他都改建過了。

這裡尚留有許多維京人後裔，他們保留自由傳統，性好騎馬，為鐵騎兵主要訓練的地方。

我們逗留此地時間很短，匆匆一瞥，又要乘車他去了。

七十七年十二月三十一日西子灣副刊

神祕的約克

遊地獄

「有膽量，進來吧！」

英國約克York地方，克利弗間街十二號，一條狹小的巷口掛著這麼一塊牌子。

我與貞婉去約克，原是為了看摩登原始人博物館及一座天主教修院廢墟。經過克利弗間街，看到這恐怖的招牌、小巷門眉以一塊黑底紅字，「約克刑場博物館」，下端一行小字：「蓋・弗克（Guy Fawkes）案重現在你眼前。」

亨利第八，創新國教而廢掉天主教，那時候，約克人蓋・弗克是天主教徒，聯合天主教耶穌會神父反抗，被捕處刑而死。

貞婉對英國文學史上較熟，看到蓋・弗克名字並不陌生。她說：

「你不是喜歡看恐怖電影嗎？敢不敢遊一次地獄？」

「當然敢。」

我拉緊她的手走入小巷，小巷暗淡，沒幾步就是梯階而下。壁間掛著幾個石膏臉譜，沒有恐怖的感覺。大概下了二十幾層臺階，一間小房，窗口有微弱燈光，售票的地方。一位美麗小姐在賣門票，在這兒可以斷斷續續聽到受刑人慘叫聲音，水流聲，火燒聲，機械絞動聲。

「很可怕嗎？」我問。

「當然，沒有膽量的不要進去。」售票小姐說。

貞婉猶豫著，她看看我，好像很有興趣一看，而她卻怕怕。

「不要怕，那是假的。在蠟像館內，也常看到的。」

「這兒可不同，暗暗地，還有怪慘叫聲。」

我們進了地獄城，那小的巷路，全是黑暗，偶爾一小窗，可讓人望進去，看到一個刑場全部。雖然心理上有所準備，但是做得逼真，免不了悸慄不安。

「我不敢看，出去吧！」貞婉緊拉住我的手說。

我只好依她，往後退。又進來兩位遊客，一男一女，青年人。

「有人了，跟他們後面走，比較不會怕。」我雖怕，又想能看完。

貞婉只好跟著我，走在他們後面。

設計這個館的人真聰明，參觀路狹小，彎路分叉很多，讓參觀者無法聚集一群人看，增加那恐怖氣氛。

等我們看完第一景，那兩位青年不知往那裡去了。我們只好自己走，自己看。

約克守護聖人聖喬治，被綁在十字架上，然後用小刀製成的梳子，在他裸露身上梳著，那慘叫聲，加上用刑的役夫的怪笑聲，慘不忍睹。

又如諾山伯蘭伯爵，想推翻蘇格蘭瑪莉女王而被逮捕入獄，女王命令，要慢慢地用刑，不讓他一下死去。

再如蓋・弗克，先被倒吊掛在橋下，以後放下來，讓他平臥在石塊上，身上放一塊板子，木板上放石塊壓著，石塊一塊塊地增加，而把他壓得骨肉破碎而死。

其他如烙刑、吊刑、挖心、淹斃、分屍等等，我不仔細地看，心中害怕，想快點跑出去。貞婉反而比我好，她還想看看那微弱燈的說明小字牌。

雖然以後又進來幾個人，那悽慘的情景之下，免不了把前來或背後的人當成鬼。過了一道門，我感到頭髮上有東西刺動，抬頭看看，差點叫出聲來，一隻枯黑的手伸下來，骷髏頭在上面，另一女鬼把小孩拋下，去抓另一小孩。我把頭低下，眼光轉向地上，幾隻老鼠往腳亂竄，可怕極了。

我們趕快找出口處出去，在地獄遊覽半小時，使我這個愛看恐怖片，聽鬼故事的人，也心悸不已。

找到了出口處，像可脫離地獄重返人間似的。心慌亂了，連門都打不開，明明寫著「請按電鈕」，開了門，經過一間光亮的地方，一位青年在買一些紀念品，畫卡與模型及一些進口處掛的石膏臉譜。

「都是假的，不必害怕。」青年人說。

「明知道那是假的，製作的型與彩色、動作與叫聲都像是真的，心中會怕怕的。」貞婉說。

「這些石膏臉譜是誰？」我問。

「都是你們看過那些被刑而死的聖人。」

不買這些是有道理的，不要留這些恐怖東西在心裡。連同他要我們在他參觀本子簽名都不要。半小時地獄之遊，害怕。其實我國古代還不是有許多比這地獄城更慘的刑。英國是詹姆斯一世，西元一六〇五年創下的各種刑，來鎮壓人民反抗的工具。

在約克，我們無心再去找摩登原始人博物館。

回到國內，鄰居李太太請我們便餐，她的兒子大學畢業在服役回來，言談中，我們提及英國，走遍了許多大小城市。

「去約克看一座天主教修院廢墟。」

「約克出名的鬼故事。」居然他懂得約克的鬼聞名。

「鬼，約克的地獄我們都遊過了。」

約克出了不少聖人，其下場都是這麼慘，現在只有在約克刑場博物館內可以看到。如果不是悲慘下場，何可有「聖人」之稱呢！

廢墟與小古堡

在德國，我看過許多大古堡，尤其是在萊茵河邊的。使人想起了童話故事，成仙居住的地方。

英國，前幾年路易士教授邀我們去他在威爾斯買的山坡地，綠綠草原中一幢十四世紀建的農莊，石頭牆與石瓦，他卻保留了房舍的外觀，古式的，把屋內改裝為現代化的家居。我與貞婉被安頓在以前馬房地方，屋外保留原來樣子，開門進去，卻一切現代化，臥室、客廳、餐室與洗盥間，暖氣是燈光亮時自動來了。這裡卻是許多英國畫家來住過。

在那山區裡，路易士教授曾經帶我們去看山上廢墟，又去一河流邊的廢墟，兩座都是天主教修院，亨利第八廢掉天主教創立新教。留下這廢墟供後人憑弔，那墳墓墓碑名字都模糊不清了。

我們應英國作家韋英之邀，到牛津他家作客，馬麗安教授開車。回程，我們去坎特伯里看町騰廢墟，貞婉說，町騰是英國文學史上負有名氣。

這一地帶極少人居住，景色很美。修道者為了離開繁囂而在此靜修，專心侍奉天主。西元五九八年由聖奧古斯丁在這裡仿義大利卡諾山本篤會院而建立。一五三六年町騰被廢。以後成為文人與畫家寫繪的地方而盛極一時。

此次，我們到了約克，是為了看聖瑪麗亞修院廢墟而來。

約克地方有保存古蹟的興趣，看那重修整齊的城牆，修院廢墟是在公園內，一片綠綠的地方，內有圖書館、美術館、音樂廳、聖瑪麗亞修院廢墟佔了一大部分，沒有倒塌的牆，門與窗，及掉在地上的石塊、石柱，在青青草地上，每天有工人整理，夜晚，燈光照上去，可以想像到當時這修院宏偉規模。

這廢墟是我們看過保存最完善的一座。下午六、七時，英國仍是太陽夕照，幾位青年在此寫生，利用太陽斜照，廢墟的倒影畫在綠草地，黃色天空青色地，真是一幅極美的畫。

公園管理工人說，每天都有人來畫，也有外國觀光客。
「畫完了廢墟，當場賣給觀光客。」工人說。
「有人買嗎？」
「當然有。你看他們都不是初次來畫的，筆法純熟，價格卻一張比一張上漲。」
「多少錢？」我問一位女畫家。
「五鎊。」
四開畫紙大只賣五鎊，不算貴，沒有買，不好帶。
走出公園是一大廣場，廣場中央，一座青色小山，上面一座小古堡。小古堡平面是圓角方形的。小山專為小古堡而保留的，是圓的。四周是柏油大馬路。我拾階而上，近看小古堡卻不小了，上下兩層，下有門上有窗，牆是用石塊砌成的。
堡內面空空的，上堡樓上可望約克市城全景。
這是十四世紀建的，也有相當長歷史。我想起了臺北四城門的保留，就是這麼古蹟了。
我遲遲地走下階來。
「你這麼喜歡這小古堡。我為你拍張照吧。」貞婉的照相機對準了我。
「沒能打聽到古堡上發生過什麼鬼故事！」

「又是鬼，真使我作嘔。剛才那刑場博物館，我已經受不了啦。」貞婉心驚不已，「以後，別再提鬼了，好嗎？」

「好，不提就不提，用不著害怕。」

記得上次在愛爾蘭大學區書店內，貞婉除了買些文學的及藝術的書之外，還想找一本當地鬼故事的書。

我們路過一家約克書店，我故意把腳步放慢。

「要進去看看嗎？」

「好呀。」

「找那一類的書？」

「約克鬼故事。」

「不要。」

去到車站前咖啡室坐著，等候九時四十分車回倫敦。

七十七年十一月六日西子灣副刊

牧師的女兒

布朗蒂姐妹的《咆哮山莊》、《簡愛》與《愛妮絲・葛蕾》在臺灣都有譯本，而擁有許多讀者，對於夏綠蒂、艾美蕾與安妮不致會太陌生。

我們去約克，原想只看聖瑪麗修院廢墟與摩登原始人博物館。只安排一天時間。那知道約克郤極豐富，要看的不只這兩樣。因此，決定再來一次，主要的去約克附近哈渥司小鎮，看這三位牧師女兒的出生地及其寫作環境。

十五世紀時候，英國北部幾個城鎮，里茲、布拉福（Bradfond）、班萊（Burnly）、普勒司頓（Preston）等地區，是水力織布機，紡織機的發源地，曾為十八世紀帶來紡織工業大量發展，使北部的農民們成為工廠主人的勞力來源，而且國會通過出售農田給中產階級的人，更為趨使大量農民前往工廠謀生的機會。

一八四〇年代，愛爾蘭地區的馬鈴薯欠收，造成了局部饑荒，成千上萬的人逃難到北部來，他們不只飢餓，而帶來了疾病，許多人擁擠在十二呎見方的磚造小屋，那一批磚屋沒有通風設備，也沒有暖氣，更不用說排水，造成了一片髒亂，加上工廠排出的廢水及黑煙，污染了空氣。使這地方六歲以下的小孩們，百人中有半數夭折。

農夫們在工廠工作，每天十五小時，身心疲乏不堪，想打瞌睡，就會被工頭鞭打。如果有人還有精力笑或哼唱兩句，要處罰款六便士。

這樣恐怖緊張的工作，使當時盧狄黨（Luddtes）與民權黨（Chartists）發起勞工運動，波及到北部密得蘭區，卡爾・馬克司（Karl Marx）與福雷得利區・恩格斯（Friedrich Engels）更譴責資本主義的恐怖巨富是北部地區的不幸。描寫一八五四年門勒斯頓悲慘情況的文學巨著，狄更斯的《悲慘年代》（*Hard Times*）出版。布朗蒂姐妹（Brontesisters）所寫《簡愛》（*Jane Eyre*）與《咆哮山莊》（*Wutheringhts*），更是痛責富者不仁的作品。

當我與貞婉到達哈渥司小鎮（Haworth），走上陡峻的大街到了巴松尼（Parsonage），很偏僻的地方，夏綠蒂（Charlotle, 1816–1855），艾美蕾（Emily, 1818–1848），安妮（Anne, 1820–1849），就在這裡度過她們短暫而羞赧的生命。

這三位女孩的父親泰粹克牧師，他一向在這幢古老教堂主持傳教職務。看那教堂四周的墳墓，一條小道直上即牧師的家，一幢二層樓小屋，在這荒野墳場之上，近郊是南盛開荒野，那灰色天空中經常出現老鷹在空中盤翔著，尋覓動物的屍體。

泰粹克牧師除了三個女兒之外，尚有一男孩布朗威爾，自小不滿這惡劣的環境生長，而時常去鎮上黑公牛客棧喝酒，每次大醉而歸，一八四八年，他在黑公牛客棧酗酒，而心臟病發死亡。三位女兒並未受良好教育，但是都能勤學好問，而能互相鼓勵，在這不良環境下為自己理想而努力，可是她們營養差，都是瘦弱嬌小。經常眼看父親為人領洗，為人證婚，為人下葬。對於人生的歡樂與悲傷，心中感觸也多。她們曾經外出工作，在小學任教。夏綠蒂遠到比利時布魯塞爾一家私校教書，與其校長戀愛沒有結果而回家，而後，兩位妹妹也不教書了，都回到這小屋，從事寫作。艾美蕾在二十歲時寫了一本詩集。次年（一八四六年），三位小姐聯合出版了一本《詩選》，有人欣賞，賣出了兩本。雖然只是兩本，對她們卻是絕大的鼓舞。

她們三位小姐各取用名字首字字母，改用男士筆名。一八四二年，老二以艾利斯・貝爾發表《咆哮山莊》。老三以安克敦・貝爾發表《愛妮絲・葛蕾》，老大以夏洛・貝爾以一本《教授》給出版社，被退稿，但主編卻附了一封信，讚美她有創作潛力，勉其繼續努力，將會有光明前程。

一八四七年十月間，夏綠蒂發表《簡愛》。當時寫《浮華世界》而成名的查克萊（Thocue–ray），他的著作豐富，如《絲菲雅的情人們》、《巫婆露易絲》、《菲立絲表妹》都暢銷一時。他一口氣讀完了《簡愛》，極為欣賞，尤其是一位艱苦的女孩寫的，立即寫信給予鼓勵。

夏綠蒂高興萬分，為了報答查克萊的鼓舞，在《簡愛》再版時，在扉頁上加印「獻給查克萊先生」。一八四八年出版《艾得菲的房客》，一八四九年出版《雪莉》。因此，夏綠蒂名字在英國文壇上逐漸響亮起來。她應邀去倫敦，遇到依莉莎白・蓋斯克（Elizabeth Gaskell, 1810–1865），著有《北與南》，《瑪麗巴敦》，《露絲》等書，對夏綠蒂非常同情，不時寫文評介夏綠蒂的小說。以後成了夏綠蒂的好友。

這三位姐妹都很短命，老二艾美蕾是一八四八年死的，只活三十歲。老三安妮是一八四九年死的，僅活二十九歲，老大夏綠蒂是一八五五年死的，活到三十九歲，她在三十八歲那年，與父親助理牧師亞瑟・貝爾・尼柯斯結婚，次年懷孕，遇大雨而奔跑回家，流產而死亡。是三姐妹中活得比較久的一個。

從這個環境來看，布朗蒂姐妹處在與死人區落中生活著，造成了那種堅毅的個性，像老二艾美蕾脾氣比較倔強，三妹安妮個性柔弱，大姐夏綠蒂，兼有兩個妹妹中間性格。姐妹之間都有一顆善良的心，聰敏的腦袋。最難得的是能互助互勉。

夏綠蒂死後，最傷心的是依莉莎白・蓋斯克。蓋斯克想把夏綠蒂的荊棘寫成書，名為《夏綠蒂的一生》。寫她的一生不免要罵到許多傷害她的人，有人勸他不要寫。結果他還是寫了，而且寫得至真至善。當時喬治・艾立克讀了這本書，感動地哭了許久。

在夏綠蒂死後第二年（一八五七年），以前被退稿的《教授》書稿，那出版社老板又來要去，改名為《愛瑪》出版（臺灣有譯本），也曾暢銷過。

我們在那裡站了許久，總感到這一片灰紫色的荒野中，那墳墓邊的小屋，確是恐怖。

「這裡不是人住的地方！」貞婉嘆口氣說，「夏綠蒂姐妹能夠在這裡過著短暫的一生，為的是寫出人生真實的故事，對那些富豪人家發出不平的呼喊。」

「我們去找她們的墳墓。」我說。

「那麼多墳墓，沒有人帶，那裡去找！」

我們只好慢步地走下來。

《咆哮山莊》與《簡愛》都是二十年前讀過的，決心回臺灣時重讀一遍，我想一定會更深一層的感受。

一部好小說的誕生，作者的境遇直接流露，夏綠蒂姐妹生為牧師之女兒，處於這樣的地方，是幸還是不幸，誰能判斷正確，很難說。

七十七年十一月十六日西子灣副刊

碼頭倉庫改建的美術館

——記利物浦的泰德美術分館

近來，國內許多企業家有收藏名畫的興趣，以臺中來說，買畫率日益提高，這是一件好事。將來，私人的美術館當會形成，國人藝術文化的水準也會提昇。

倫敦泰德美術館是我每次英國之行必到的地方，企業家亨利·泰德因蒐藏藝術品，後來建了館，便完整地將一座美術館贈與國家，再經過一番整理，成為倫敦有名的國立美術館，一八九七年開館，重要收藏有布萊克（Blake），印象派的馬奈（Manet）與秀拉（Seurat），立體派的畢卡索（Picasso），及英國當代藝術家的精品。泰納去逝後把自藏畫作都贈送給泰德美術館，更是豐富了收藏。在這裡，我經常待一整天，流連忘返。

利物浦的泰德美術館於一九七二年開館，可以說是倫敦泰德美術館之分館。當我與貞婉到達利物浦時，貞婉去詢問處要了一張地圖，奇怪的是利物浦原有一座美術館，建築宏偉，收藏也多，而詢問小姐卻強調：去泰德美術館在車站左側公車站上車，可享受半票乘車優待，公車繞行市區到港口，是相當遠的一段路，由此可見利物浦市府對泰德美術館的重視。

利物浦原是商港都市，碼頭倉庫是傑西・哈特里所設計，一八四六年啟用，至一九七二年關閉。這座館房是泰德商品運送的倉庫，位於碼頭前端，佔地一萬二千平方公尺，一九八二年改為多用途社區。後來泰德請設計師詹姆斯・史特林改裝內部，成為美術館。用其他建築改為美術館，在英國十分稀見，而巴黎的現代美術館用被廢的火車站改建，畢卡索博物館以皇宮改建，則是幾個性質相仿的例子。

倉庫改建為美術館確是不容易，幸而它的外表不像我國所建的倉庫形式。英國國立美術館、博物館都不必買票。我們進了大門，廳堂是一巨大空間，氣派十足，除了右角一座大型大理石雕刻外，沒有陳列其他藝術品，只是一些場地說明與開放時間表

後廳堂內左門進入第一展覽室，陳列超現實主義作品（展出時間自一九八八年五月二十八日至一九八九年三月五日），內有達利、艾倫斯特、馬格利特、米羅、畢卡索等人作品，是倫敦泰德美術館、哈渥斯博物館與私人收藏之超現實作品及文物。左側羅斯柯委託美國西葛蘭公司製作的壁畫，是羅斯柯贈送泰德的作品，詹姆斯・史特林首次為大幅牆而設計的樞紐作品。

二樓半為咖啡廳、書店、辦公室。

我們走上二樓，梯子上一明示牌：「為紀念亨利摩爾而舉辦現代雕塑特展」。英國美術館舉辦特展是售門票的，每人一鎊錢，我取出一張二十鎊鈔，售票員無零錢可找，說：「請進，免票。我請客。」連忙道謝之後我們進了場。整場地沒有隔間，一大空間，作品不多，一件標題為：「星光燦爛的水」，是英國青年雕塑家的作品。

所謂「星光燦爛的水」是艾恩・漢米爾敦・芬雷（Ianamilton Finlay）以幾個木塊字母Starlit Waters用線網罩住的作品為名稱。他們反傳統，所有雕塑品既不雕，也不塑，是物體所組成的三面空間。每件作品並不是供觀賞者「看」，而是供觀賞者「想」，從作品想起了無限關聯的事物，是屬於心靈的。

他們主張藝術是一切事物的美，取其美而重新組合，才是藝術家所要的藝術品。二十世紀初葉，英國藝評家羅哲弗萊（Roger Fry）強調觀眾第一的為人生而藝術的藝術。一九五〇年，美國藝評家克雷門・格林堡（Clemant Greenberg）也主張「為藝術而藝術」。他在一九五九年強調：作品內涵應完全融入形式化，不可做任何局部或全部的缺失，否則即非作品本身了。

理查・龍（Richard Long）的「威射斯打火石道路」，以一道五尺寬一丈餘長度的打火石舖成的路面，而牆上掛著一幅他走過田野的照片，人在自然中尋覓大自然之美，組成藝術品是多麼踏實，他附了一首小詩：

我喜愛步行的簡易，
石頭的簡單。
我喜愛普通的素材，容易到手的，
但，特別是石頭。
我喜愛世界由石頭構成的觀念。
我喜愛普通素材給藝術的那點簡單而平實。

理查・龍作於一九八〇年

布魯斯・麥克林（Bruce Mclean）以十餘張照片組成畫面。雕塑家不用雕，也不用塑，雕塑工作臺就沒有什麼用處，抽象的東西如放置在工作臺上，就功虧一簣了！他用人在工作臺上以不同姿勢滾下來。

巴雷・弗拉那根（Barry Flanagan）的「四串銅錢」，以四只用黑布縫成尖袋，裝砂樹立著，彎彎曲曲的一條粗麻繩在其下繞過。我看了許久，想了許久，仍然想不出理由來，莫非是想得到銅錢，得要一番艱辛，不是那麼容易的。

古雷・馬丁（Michael Craig-Martin），都柏林的天主教士，「一棵橡樹」，以一架子，夾著一長塊玻璃板，上放置一玻璃杯水。看起來毫無橡樹的景象，可是神職人員的想法，神能把這杯水成為橡樹，讓你慢慢地想吧！

比爾・吳德羅（Bill Woodrow）的「車門，有扶手的沙發和事件」，人類生活中，電視文化（車門），沙發是被電視控制下的生活，扭曲、暴力、戲劇化。即破沙發的靠背左角爆發的事件，該會有人類的危機呢？

阿麗生・魏爾丁（Alison Wilding）作品「靜止的水」，以堅硬的圓形銅球鋸成兩半，上則顯出軟綿綿的棉絮，下則底端的一些靜水。物體不可能敘述經驗的，它們能有知識、理念、文化。都被認為人為，絕無傳達感覺。

安東尼・郭沫理（Antony Gormley）的「留住」，是一座空殼人形坐在地上的石膏像，裡面空空的，但卻留住了人形，空殼人形，用碎片縫起來的，表示人生如此，能留住的也不過是一個空殼而已。

安東尼・郭沫理另一早期作品：「床」，卻引起許多觀眾的興趣，許多人圍觀著，他用萬片麵色疊成一張雙人床，其中凹下著兩個男女的形象。人生重要的兩課題，吃與住。麵包為人生之營養，床是住家休息之地方，麵包已乾枯了，幸虧這裡沒有老鼠出現，不然，這一床麵包足夠養肥了百餘隻老鼠。

這些作品大部分是倫敦聖馬丁藝術學院學生之作，一位印度籍安尼西・卡布（Anish Kapoor）的作品「有如在慶祝我發現了一座開滿紅花的山」，在物質上加上非物質性，藉此給予一種精神的層次，甚至於超自然的地步以形狀、質感，強烈的色彩。

我的腦力實在無法對這些雕塑加以想像。還是回到樓下看那些畫較不費勁兒。

這一室以畢卡索的「三舞者」最為突出，此畫成於一九二五年，約與爵士音樂及超寫實藝術同時。此畫與「阿維儂姑娘」同是畢卡索重要代表作，「三舞者」由形式而表意，由塑形到心理張力，繪畫平面的尖銳彩色，黑白對照，人體狂野的錯位和雷光雷掣多樣留白，相得益彰。作畫時畢氏聞好友羅曼・碧叟（Roman Pichot）死訊，極為傷痛。三舞者中右方黑色側面的人像即為碧氏，凜然危坐，圖中人物亦有耶穌釘十字架苦像的味道。

羅斯科・馬克（Rothko Mark）為美國畫家，一九一三年移民奧瑞岡的波特蘭。晚年幾件作品，典型直立，以一、二單色為背景，區域的邊緣模糊，因而區域背景兩者的比重經常會有變化。作品具有明亮、清澈與莊重的效果。

比利時超現實主義畫家保羅・德爾沃（Paul Delvaux）的作品「沈睡的維納斯」。其特徵是幻覺式的風格和夢一樣的意象，表面上非常寧靜的畫面瀰漫著一股令人窒息的性緊張氣氛。

法國畫家雷內・馬格利特（Rene Magritte）也是超現實主義，喜歡以平凡的中產階級人物為對象，然而窒悶的主題經常一再出現，還因畫面空間極其淺薄，所造成的幽閉恐怖感，似乎是反映了某種程度的個人焦慮。

另有米羅與達利的畫，此展都是以超現實主義大師作品為主。據聞利物浦泰德美術館開幕後一年之間，倫敦報章的評論並不支持，報導說利物浦是商港，倫敦人看輕商人，於是把倫敦泰德美術館的三流作品移到利物浦去，所以並不十分支持。後來，才換成這一批超現實主義派大師的作品來，壯觀了這剛創館的泰德。

這一座由倉庫改為國立泰德美術分館，雖然收藏品沒有市立利物浦美術館豐富，但是卻獲得利物浦人民的重視，也是一件可喜的事。

七十九年四月現代美術第二十九期

遇搶記

我常常去歐洲，知道歐洲一些歹徒搶騙的伎倆。

外出旅遊的人，最怕是丟了皮包，不但錢的損失，連同護照一切文件都完了。在一個陌生的地方，大部分國家與我們沒有邦交，沒有親友，要找個能幫忙的人都困難，那時候，怎麼辦？流落街頭。

記得二十年前，那時候臺灣尚未開放對外觀光，我出過二次國，一次是于斌主教帶去歐洲朝聖，一次代表國家去日本參加中日畫展開幕式。

參加歐洲朝聖是我首次出國，于斌主教率領兩百六十位團員，浩浩蕩蕩地去，到了羅馬機場，于斌主教（團長）被教廷大員接了去，以後一切任務交給幾位神父，團員出了事，只好找領導神父。找神父沒有用，不如找承辦旅行社洪總經理。

我們到了羅馬當天晚上，有三位團員皮包被搶了。一位成大女講師，哭哭啼啼，十分可憐，好在洪總經理借給她錢，代她在梵蒂岡大使館補辦手續。

第二天早晨彌撒之後，領隊神父大聲地吼著：

「到了外國，自己謹慎，出去時，把背包放在胸前，雙手護著。看見對面或後面騎機車，帶個人的，要特別小心，他們是歹徒，專搶觀光客，羅馬每天發生兩百多件搶案，報警沒有用，總是不破案的。被搶的人，只好自認倒楣。」

「羅馬人多數信奉天主教，怎能不守天主誡令：不貪他人財物。」有人發問。

「觀光客都有大把美鈔，義大利人窮，搶些錢用用，好像沒有什麼不對。」神父這樣說。

「神父在義大利傳教十幾年，卻沒能教好這些人嗎？」又有一位團員問。

這一下，神父火了。

「你們沒有聽說：越靠近梵蒂岡的人，距離天堂越遠。」

大家沒有話說了，只好出門時把背包抱在胸前，看到騎機車的走近，趕緊躲開。這樣還是有人被搶。被搶的人不敢向領隊神父報告，免得挨一頓罵。找洪總經理去設法。

為了等候教宗接見，在羅馬等候了九天，然後北上，到了米蘭，中餐過後，就上巴士去瑞士。

米蘭中餐時候，領隊神父宣布了他被偷的消息：

「在米蘭主教座堂廣場，來了一位陌生義大利人，告訴我西裝上有髒東西，他取出毛巾幫忙擦掉，我把上衣脫下來，交給他擦，等到髒的東西擦去後，穿上上衣，才發現到口袋千餘美鈔不翼而飛。」

幾位熱心的教友，發起捐款，說明那天是神父六十大壽，每團員各捐五元美金補償他被偷的損失。

「捐款可以，不單是為了神父，連那四人在羅馬被搶的一起捐才公平。」女作家繁露為四位教友主持正義。

繁露女士的正義呼聲，反應的人不多，因為多負擔了一筆錢。發起捐款的人說：

「這樣吧，捐款不限是五元美金，可以捐更多些，然後先付神父被偷的錢，剩下的再分給四位被搶的。」

結果，所捐的只夠給神父。

這是二十年前的事，我謹記在心。我第六度歐行，行程兩個半月，大部分時間在巴黎與倫敦。巴黎住些時候，南下而去西班牙。從西班牙南部，到了馬德里已經延誤了幾天，西班牙的火車常常慢分，一二小時是常有的事，我們預定日期也得改變。

原訂在八月二日前回巴黎，因為我們的好友王家煜、羅鍾皖一家人要去美國，我們要為他們送行，並邀法籍畫家安善敦一起吃飯，現在必須掛個電話回巴黎。

馬德里市街很寬大，樹也多，很美。我們找到了可以打國際電話的電話亭。

貞婉把硬幣從皮包裡取出來，然後把皮包放入大包包，讓我背著，她進入電話亭。突然一位陌生人，手拿毛巾要為我擦去身上的泡沫，我一看怎麼身上都噴上許多白泡沫。

我想起了神父被偷的事，在我身上發生，意識中這位假裝好人的正是歹徒。他在我身上背包下功夫。我急用華語大聲地罵：

「小偷、強盜，別靠近我。」我把背包摟緊，用腳踢他，他看情形不對，跑了。貞婉從電話亭出來，幫我擦去衣上的泡沫。

「好可怕的搶術，還好你慎重，不然，包包被搶去，可就慘了。」

毛巾擦去泡沫，兩條毛巾都弄髒了，貞婉去找水洗毛巾，我護著包包，呆呆地站著。路過一位老婦人，看到地上的白泡沫，激動說：

「缺德的歹徒。」她看看我。那同情的眼光望望我，「可憐的外地人，被搶了些什麼？」

又來了一位路人，看到地上的白泡沫，驚訝地停住腳，想說些什麼，結果沒有說出來，嘆了一口氣，走了。

看樣子，許多本地人都知道歹徒用這種伎倆搶奪觀光客的皮包。

半個月之後，我們到了倫敦，正好是星期天。我最喜歡在星期天去海德公園，遊覽公園外那些藝術攤位。貞婉要去聽罵人演講（公園的一角落，星期天供人作各種演講之用），我們分開了，約好三時去找她。

當我去到那聽演講的人堆裡，突然起了一陣騷動，原來是警察逮捕了一位使用白泡沫噴在人身上的人。以後又搜到兩人帶有泡沫的。警方認定做搶案用的伎倆，一概逮捕查辦。沒有過幾分鐘，來了許多警察，在另一個演講地方抓到兩三個同樣的人，押上警車走了。

我知道，歹徒使用泡沫噴在觀光客身上而故作好人，用毛巾幫忙擦乾淨，乘其不備搶去皮包，這種伎倆已有二十餘年之久。許多英國人認為這些歹徒被抓，只關三天，三天之後出來了，照樣使用這種伎倆。

七十七年十月十六日中華副刊

麻雀・狗・黑人

在德國烏倫市亨寧家作客，一天，經過一條街，看到有一銅像，是一隻放大的麻雀。感到萬分奇異，難道麻雀是烏倫市市民崇敬的嗎？

「麻雀！」我驚訝地喊出聲來。「用麻雀為銅像，有什麼特殊意義嗎？」

「牠是烏倫市市鳥。」

「市鳥也得立雕像？」

「因為牠對烏倫市有貢獻。」

亨寧講述一段有關麻雀與烏倫市的故事。

十一世紀時，烏倫市蓋大教堂，那時候，市民對這座工程浩大的神之殿堂，全力以赴，許許多多巨大建材從外地搬運到城裡來，因為有巨長的木材，但城門太狹小，橫著的巨木，無法搬進城。那時候，有人主張拆掉城門。

拆掉城門工程太大，並浪費人力物力，資源的損失過多。正在傷腦筋時，一隻小麻雀，嘴銜著一根稻草要進城造巢，想從城牆小洞穿過，稻草橫著過不去、洞口不夠大，牠把稻草轉為直，便穿過了小洞。這時候，負責搬運的工頭看到了，想想自己好愚蠢，竟不知學小麻雀把巨木放直，搬運進城。

因此，小麻雀成為烏倫市建教堂的大功臣，不但以牠為市鳥，而樹立銅像。

狗對人類好處太多，對主人效忠之故事也不少。在英國溫布敦車站，有一狗名為「露美」的標本，裝在玻璃櫥櫃中，安置在月臺間，永久地展示。以紀念牠生前為殘障兒童募捐五千鎊元為基金，造福殘障兒童之福利。

露美體型大、長毛，我不知道牠是屬那一類的狗，據說生前頸部掛著募捐款袋，穿走在車站月臺之間，向來往旅客捐錢，後腳站著，前腳作拜託狀，捐得此款。尤其是在網球賽期間，各國選手雲集而來，露美的捐款活動很快地達成。

後來露美死後，殘障基金會便把牠做成標本，立碑說明牠的功績。

美國街頭間常有黑人裝扮為塑膠人形，站在募捐箱上，呆呆地不動，只要有人放幾個錢在捐款箱，他就像機械人般鞠躬作感謝狀。許多小孩以為他是會動的機械人，而放錢逗樂的。

出國旅遊常遇到各式各樣的怪事，也是一樂也！

七十六年三月十九日繽紛

梵谷逝世百年祭

再度去阿姆斯特丹，純是為了趕上梵谷逝世百週年紀念活動。梵谷生活在艱苦中，創作藝術傑作，雖然從事繪畫歷時僅十年，時間短促，畫作卻極為豐富，為國際人士所崇敬，也給有志從事藝術的青年一大鼓勵與信心。

荷蘭的梵谷熱潮

荷蘭傑出畫家不少，十七世紀有林布蘭，十九世紀有梵谷，成為照耀國際藝壇的兩顆星星。梵谷逝世半世紀，荷蘭政府才為他興建一座梵谷美術館。為了今年梵谷逝世百週年紀念，向各地美術館、博物館、收藏家借梵谷作品來參展，作一次盛大的展出。由於近來梵谷的畫拍賣價格之高，創世界紀錄，如「嘉塞醫生肖像」八千二百五十萬美元、「鳶尾花」五千三百九十萬美元、「向日葵」三千九百九十萬美元。因此，荷蘭政府借畫保險費高達二十七億二千萬美元，據阿姆斯特丹之鹿特丹NV銀行發言人吳爾夫說：「據我所知，這次是藝術展覽投保金額最高的。」

從本年三月起，世界各地愛好梵谷的人士，大量地擁進阿姆斯特丹，造成了空前的梵谷熱潮。唯恐梵谷館之入場券購買困難，因此，我們到了市內，第一件事是購票。此次購票地方在各地銀行代售，一切電腦作業，我們買的是五天後下午三時入場，一天分六次進場，可見人潮之空前擁擠。

梵谷館展出油畫兩百三十幅，另外在距此四十五分鐘車程的歐特羅（Otterlo）小鎮森林中的庫羅勒·密烏勒（Kröler–Müller）博物館展出梵谷素描四百幅。

這座博物館很有名氣。據說庫羅勒先生與夫人密烏勒愛好藝術，曾經大量收購梵谷在海牙時的素描及油畫，以及其他畫家之作品。後來買下了這一大片森林，把藝術及大自然互為結合，而創建雕塑公園，有亨利摩爾及梅佑等名家。後來，他倆把這森林及收藏的藝術品全部獻給政府，由政府在森林內建一座博物館，取用他夫婦的姓氏為館名，並由其夫人擔任首任館長。

我們在阿姆斯特丹梵谷館前乘巴士到達這裡，博物館為平房建築，沒有堂皇的門面，佔地廣大，門廳寬敞，地上與地下兩層。買票進場後，第一室起即按梵谷早期在海牙之素描作品，以創作時間分室陳列，共四百四十八幅精美作品。

出了會場進入另一幢展覽室，這裡大部分是印象派及以後之作品，其中有梵谷油畫六十一幅，九幅借給梵谷館展出。

這一天，我們在這藝術與大自然中度過。

梵谷館邊的梵谷村

許多各地來的梵谷迷，在沒進入梵谷館之前，可以到梵谷村遊覽或是稍微休息。

荷蘭人做生意是一流的，一有機會，絕不放過賺取來此旅客的錢。他們在梵谷館後側設一梵谷村，用布篷搭建，內設辦事處、梵谷資料室，周圍商店售有關梵谷書籍畫冊及逝世百週年全集兩大冊。紀念品有梵谷郵票、特製鳶尾花香水、梵谷茶與咖啡、梵谷酒及糖果、印有梵谷像的襯衫和盤碟，應有盡有。中間一小舞臺，有座位，供作講演、放電影、演奏之用，另一半是餐館，有舒適的座位，推出梵谷餐，供旅客享用，生意都不錯。

梵谷村出來就是公園，轉個彎即是梵谷館，在這途中路旁，有許多各地來的藝術家，設攤兒售自己的畫作或是為旅客速寫肖像。

在露天咖啡座上，我遇到美國藝術家及愛爾蘭藝術家，他們自稱為「流浪畫家」，在此設攤賣畫，為躲避警察而到咖啡座小歇。

活動焦點梵谷館

梵谷（Vincent Van Gogh, 1853–1890），出生在荷蘭，先則獻身宗教，曾在比利時礦區傳教。後來獻身於藝術。他的繪畫時間只有短短十年，比其他畫家都短，但是作品很輝煌，畫作充溢著生命活力。

我們排隊等候，三時入場，從三樓第一展覽室看到二樓，兩百三十幅油畫，兩小時工夫不夠的。

每一幅畫面，那強而有力的筆觸，明鮮的色澤，吸引了觀眾的視線。人多排隊逐步依序欣賞，進度極慢，每個作品都令人留連，不忍離去。

那筆筆彩色塗在布上，線條剛強而有力，那是梵谷心血的構成。德國女藝評家伊絲白・貝雅歌（Elsbeth Berg）說梵谷畫深受日本北齋畫的影響，從那曲圓線條可以看出。梵谷愛日本，以後日本人卻買了梵谷。日本人比西方人更懂得梵谷藝術的價值。

的確，在會場內有許多日本人。有一批趕時間的人，衝亂了會場，看畫經常受到阻擾，無法仔細地欣賞。在一樓歇息時，座位佔滿了，許多人席地而坐，或買了兩冊紀念全集翻閱，有人選購複製品，許多複製品與原作一樣大小。

此外，一樓也掛了一些梵谷友人的畫，如高更、塞尚等。

阿爾今天以梵谷為榮

梵谷在阿爾（Arles）住了一年七個月，算是他一生住過最久的地方。

我們在法國南部阿維濃，正遇上他們的藝術節，夜裡十時起，大教堂前廣場非常熱鬧，高歌狂舞到天亮。我們一大早就去阿爾，在這裡可以尋覓一些有關梵谷的足跡。

阿維濃到阿爾不遠，到了阿爾車站，前面百公尺，隆納河（Rhone）橫過，原先有座橋通往市區，現在已經拆毀，尚留著橋頭一對石獅。車站正門出去是園庭，路旁兩邊植槭樹，公車處候車室外的花園，牆上有銅牌，鏤刻著1888年梵谷給其妹信中的句子：

此地如此震撼我的，
如此詩情畫意的，
讓我心嚮往之，
乃是這清澈的空氣。

另一塊銅牌，鏤刻著梵谷1888年致其弟書的句子：

> 生平第一次我畫了耶穌與天使在橄欖園的習作，因為阿爾使我知道什麼是真正的橄欖園。

進入市區，到處都是懸掛大幅梵谷畫像，尤其是觀光飯店與大旅社。一家名為「梵谷旅社」的，店東說這裡就是梵谷生前住處，他的「黃色房子」就在後面轉角。原屋在二次大戰中被炸燬，已經拆掉改為店舖。

梵谷畫過的那座中世紀木製吊橋，也在二次大戰被炸壞了，因為許多觀光客要看，市政廳只好依樣建造一座，名叫「梵谷橋」。這並不是紀念梵谷，而是為了觀光客的需要。

阿爾因為梵谷住過而引來許多觀光客，現在大蓋觀光旅社，都以梵谷為榮。回想到一世紀前，梵谷在這裡受盡誤解與欺侮。大家把他當成瘋子、流浪漢，在他與高更鬧翻後，小孩見到他大喊：「瘋子」，甚至撿石子投擊他。左右鄰舍聯名簽請市政廳將他列為「危險人物」驅逐出境，連房東也要佔他便宜，再三抬高房租。

現在在阿爾，市政廳旁的咖啡館，因為梵谷畫過，生意興隆。而中古時期羅馬人的阿立岡墓園，槭樹下的兩排石棺，也由於梵谷畫過，參觀這裡也得買票才能進入。

這裡的列阿迪博物館（Miisoe Re. Attu）藏有畢卡索的三件版畫、林飛的一件素描、尤特里幼的一件素描、佛拉蒙克的一件素描、高更的一件版畫、馬內西葉的一件版畫、馬哈香的七件阿爾風景、依美・布累耶三件法國南部油畫、羅吉爾的一件版畫、格羅美的二件素描、亨利・盧梭作品一室、布蝶爾的四件雕塑、列阿迪作品一室。雖然算不上是代表作，這小地方有這樣的收穫，足見對藝術已有了重視。

遺憾的是沒有梵谷的作品，梵谷是一八八八年二月十日到一八八九年五月九日住阿爾，在這短短的一年多日子裡，創作了兩百幅油畫、一百五十幅素描，而阿爾沒有收藏任何一件。

在阿爾城區，梵谷畫得很少，他不願在人多的地方作畫，大都在城郊一帶。梵谷在阿爾住進精神醫院，而在醫院庭園作畫。以後他弟弟西奧帶他到巴黎。

阿爾的景色很美，綠綠的橄欖樹，青色的隆納河，山岡間棕黃瓦與紫白牆的農舍，還有羅馬人建造的露天劇場，古老的教堂，翠綠的公園，樸實而有個性。

歐斐籌設梵谷紀念館

歐斐（Auvers）距離巴黎只有三十公里，是一個美麗的小鎮。塞尚與畢沙洛等畫家曾經在這裡作畫過。這裡是梵谷生前最後一站。西奧把梵谷帶回巴黎之後，由於嘉塞醫生的幫助，把梵谷帶到這小鎮來。嘉塞醫生對梵谷不錯，把自己的別墅借給梵谷作畫室，另把梵谷安頓在街上一家拉蒙酒店。

前年我們到歐斐時，這地方已經著手籌備梵谷逝世百週年紀念活動，據法國觀光局說，將有兩萬以上日本人登記到歐斐祭弔梵谷，因此歐斐地方將公園改為「梵谷公園」。裡面一座梵谷銅像，是俄籍雕塑家查德金手塑，比荷蘭梵谷館前的梵谷銅像要寫實，梵谷背著沉重的畫具外出作畫的立像，有七八尺高，底座很低，樹立在一塊小花園之中。街上那家梵谷住過的拉蒙酒店，已由政府收購，門前用一大青色膠布包著，繪上梵谷像，籌備作為梵谷紀念館之用。鎮上凡是梵谷畫過的地方都立了牌，懸掛複製品畫片，如「醫生的別墅」、「公園一角」、「教堂」、「市政廳」、「吊死人的房子」等等，以便利觀光客到處都能看到畫與實景。

街上的詢問處專售梵谷畫片、畫卡、幻燈片等，那婦人說：鄉里籌備迎接大批日本人到來，而整理市容。梵谷紀念館基金會準備向日本人捐款，要在梵谷逝世百週年過後才能開幕。

歐斐比阿爾小，景色卻比阿爾美，我想起那德國女藝評家的話：梵谷與阿爾沒有感情，阿爾一片綠，而梵谷畫作喜歡用黃、棕、赭色調。梵谷能在阿爾住了一年多日子，原是梵谷很喜歡日本，可是沒有錢去日本，找到阿爾，他高興地說了一句話：「我終於找到我心中的日本了。」而他對歐斐就不同了，是有感情的。

我們去看梵谷的墳墓，經過一座古老的教堂，那是梵谷畫過的，也在整修。有一位日本女畫家在教堂背面作畫，與梵谷畫的角度一樣。

離教堂不遠，找到墓園，梵谷埋葬在這裡。比我們早到的幾位外國人，肅立默禱。梵谷死後六個月，其弟西奧在巴黎逝世，運到歐斐埋葬在梵谷旁，兩兄弟的墳墓最樸實，沒有大理石墓臺，僅是在墳上種植綠綠的萬年青，讓兄弟的情感永遠長青。

另一個活動節目

荷蘭皇家航空公司為了紀念梵谷逝世百週年，特別委託攝影家保羅・霍夫（Paul Huf）拍攝梵谷生前居住過的地方。首次於一九八九年三月在阿姆斯特丹梵谷館揭幕，以後巡迴紐約、洛杉磯、芝加哥、華盛頓、東京、墨西哥、雪梨、曼谷、臺北等地展出，共計一百五十幅攝影作品。

保羅・霍夫拍梵谷生活過的地方，追尋梵谷足跡，雖然繪畫與攝影有不同之處，也有相似之點。梵谷喜歡捕捉來自大自然的靈感，剎那間的震撼，他的感受如癡如狂地表現在畫布上，這也是霍夫的創作方式，剎那間捕捉光影與一閃即逝的神采。色彩是梵谷畫中的靈魂，霍夫也運用色彩，把生命注入其中。

霍夫用一年工夫來探討梵谷的生平，對所住過的、工作過的地方有了新發現。百年後的今天，透過霍夫的鏡頭，昔日的梵谷活現在我們眼前。

八十年六月臺灣美術第十期

輯三：美國散記

胡佛水庫泛舟記

到了拉斯維加，這聞名的賭城，真是賭的城，處處為賭徒方便，機場候機室很雅致，佈置很特別，那銀色的椰子樹（金屬製造）下的舒適座位，富有詩情畫意，可是旁邊擺設了許多「吃角子的老虎」，便利於候機的人，也可以過過賭癮。

印堅法師來接，借用在此地大學就讀的陳小姐的車，把我們送到飯店，飯店也設賭場。拉斯維加市很豪華，幾家大賭場之華麗，使我開了眼界，尤其是凱撒宮，真是世界豪賭地方。

星雲法師安排我們到這裡來，原是去大峽谷的，去大峽谷一整天，第三天要在晚上十時才有飛機去舊金山。所以空出一天時間來，印堅法師就領我們去胡佛水庫泛舟。

車子在中途的一家購物中心停下，印堅法師去買了十幾大袋的爆米花，說是要給大家在湖上餵鳥與餵魚用的，每人有一袋。

印堅法師是負責華蓮佛堂的尼姑，以往住過香港，後來去佛光山，能說一口好英語。她是負責華蓮佛堂的，除她之外尚有幾位法師。星雲法師已在這裡買了一塊地，等候執照下來，即建築一座宮殿式的寺院。印堅法師童心未泯，帶著大夥兒一起去玩，有說有笑，快樂萬分。

自市區到胡佛水庫要四小時之車程，她已為我們準備了午餐便當，糖果餅干及飲料等等。

胡佛水庫有石門水庫十倍大，車在停車場停下，各人帶著一袋爆米花走向碼頭，印堅法師去租了兩艘汽艇，汽艇主人小姐，教我們簡單的駕駛方法，約定下午三時回岸，並得加滿了油。

八人乘一艘，兩艘開出湖去，印堅法師吩咐只能向山谷裡開一趟而轉回，不能開太遠地方，怕趕不回來。我們在艇上，打開爆米花，這是用玉米爆的，朵朵白色帶點黃的米花，放進口中，十分香馥可口，撒把湖裡，輕漂在水面，看到魚兒游來搶食，一群群地躍出水面。再撒把空中隨風飄舞，水鳥飛過來，我認識大部分是海鷗，牠們飛過獵食。我想，出家人以這種方法，以取樂是很有意義的。

我坐在後座，看著太陽光下的湖面，金光閃爍，水痕中的魚群搶食米花，心中喜悅萬分。

這裡除了有許多汽艇供觀光客租用之外，尚有許多私人遊艇，假日帶家人來遊湖。有一對年輕夫婦汽艇開得很快，享受在水上狂飆的樂趣，它從我們汽艇旁劃過，水花噴上我們艇內，沾濕了我的上衣。那群跟著我們汽艇游來的魚兒，被衝散了。

我們的汽艇開得慢，大家都充當一下駕駛員，拍一照片留著紀念，有時還可向朋友吹牛：當過遊艇駕駛員。

胡佛水庫四面環山，中間有座石岩山，沒有青草與樹木的岩層是紫紅色的，偶爾可尋找一些寄生在岩石縫的小草。山上也一無所有，假若在中國，必定會有人蓋座涼亭或雕座石像。這裡一切保存自然景觀，有這些清晰的湖水，新鮮的空氣，尤其是在這藍天白雲的天氣，我們已經夠滿足了。

在我們車行途中，看到道路兩旁有許多地方像西班牙南部，長不出草來的。今天看到湖當中的岩石山，靠岩石山的北面，那座多色彩的山，赭紅、橙黃而黃綠，在汽艇靠近時，我拍了照片，一張多彩色的岩石山谷的景色。

湖面廣闊，幾百艘遊艇散佈在湖面上，只是稀疏的幾點而已。風掠過，臉部覺得寒冷，一位女士把毛衣圍在頸部，取把米花往上空一撒，水鳥飛過，她發覺到毛衣上有鳥糞，急急地解下來，坐靠艇邊，以湖水沖洗乾淨。

「你好倒楣呀！」

「不會，也許會有好運氣。」

準三時，汽艇在碼頭加油處加了油，按時交了艇。

回到華蓮佛堂，天色已暗，晚餐之後，即往機場，在機場有一個多小時等候。

那位女士去玩吃角子老虎，剛放下一個錢幣，就嘩啦啦地，叮叮噹噹地掉下很多錢幣來。

她向那男士說：

「我說是好運氣，不錯吧！」

七十八年一月十二日中華副刊

布瑞爾老頭的收藏

從紐約飛俄亥俄州托利多城，去看大姐夫與大姐。他倆曾回臺灣結婚，而在臺大任教過，以後二人又到美國任教，大姐夫是有名的農業專家，特別是洋菇研究有獨特之成就，被這裡康寶濃湯公司（Coupbell Co.）請來當該公司植物高級顧問。大姐是生化博士，現任拿破崙醫院營養研究員。貞婉告訴她，我們要來看他們，並要在這小鎮上逗留四天。

大姐特別安排出四天休假時間，並約定要去看的美術館、博物館。

最好玩的是小鎮內有一幢木造兩層住家房屋，卻掛牌為：「布瑞爾博物館」，門始終關著的，要參觀的人必須電話預約，一次只准十人進入，不夠十人也得購買十人門票，票價每人美金八元。

大姐知道我們倆每到一處地方，光看美術館、博物館。她先預購十張門票，並邀約了三四位朋友一起，還是湊不足十人。

那天上午，由大姐夫開車，我們四人準時在九時到達，應邀前往的另四位朋友也準時到達那裡。門開了，布瑞爾先生請我們進去，門又關了。我們在小客廳等候他打開第一展示室，一小間暗黑房子，進入的人排成單行小心進場。暗黑房子僅有一小小燈泡亮著，燈泡前安置一塊磁片，他要大家看那燈泡前小磁片，磁片一片白，什麼都沒有。

大家耐心等候，看這老頭變什麼魔術，安靜地，仔細地觀望著。那盞燈熄滅了，另三隻小燈泡亮起來，一是一張人像，一是製版的人像，一是模型注入瓷土，經過五千度烈火燒過後的磁片，與原照片畫面一致。他略說明磁片畫製作的過程。老頭自年輕就喜愛這磁片繪畫映像，磁片經模型注入瓷土後燒過，磁片畫面有厚薄分別，映出黑白像來。他因濃厚興趣，而搜集了許多，從小片到大片，從黑白到彩色，從燈罩到走馬燈，從杯子到壺，從小碗盤到瓶，各式各樣有兩千多件。可是老頭並未這麼分門別類，他是按收藏年代陳列，地方小東西多，桌上放的，壁間櫥櫃內陳列的，他都熟悉地一件件介紹，報告他怎樣艱苦地搜購到手。他曾經有去過數十次紐約，去過三次倫敦巴黎搜購磁片的紀錄。

老頭的人生哲學：拿了人家門票錢，必須作二三小時說明。他很純熟地開那個燈，關這個燈，該說些什麼話，一一照做，毫不簡省及偷懶。

全部有五間展示室，每間僅是四坪地大小，十人進入已經很擠了，沒有太多的空間，燈光暗淡，空氣也不佳，參觀者要有耐性，細心觀察，小心行動才行。假若沒耐心，對磁片映像沒興趣，也無法自行出場，還得等候老頭講完了才能開門出去。老頭的說明從未提到磁片畫面的原作者及創作背景，因為他沒有美術史常識及意念。

布瑞爾老頭除了磁片畫映像之外，第二愛好是收藏一些小型蠟像，及小型浮雕，名家雕塑複製品，都是小型的，如米開朗基羅的聖母聖嬰像，還有一些民俗木雕。雜亂地陳列在第五展示室，在這一間他的說明就少了。講了三小時也累了，我們將要結束這一場觀賞。老頭喜歡聽觀賞者對他收藏物的讚美。

他今年八十六歲高齡，手拿藝術品時有些抖動，貞婉建議把這些收藏品賣給拿破崙美術館，可供更多人觀賞。

「拿破崙美術館沒能力收購我的收藏。」老頭很不自在地說。

「那麼，給紐約大都會博物館如何?」

「我是在托利多地方賺的錢買的，該回饋這地方，不售到紐約去。」老頭堅決地說。

貞婉擔心他年老了，該給這些藝術品找個出路。而那博物館只是磁片有價值而已，其他的價值都不高。

「我是做房地產生意賺錢來維持這博物館的。」老頭說：「我不放棄這些心愛的收藏品。」

我們只好鼓掌，結束這場觀賞。老頭送走了我們，博物館的門又關閉了。人為一樣興趣而努力，才有意義，人生才會充實。布瑞爾老頭就是一個例子。而他這一生必須與這些收藏品同在，看樣子，在他有生之年不會把這批磁片出讓給別人的。

八十一年五月十五日中華副刊

瑪麗・史密斯的世界

大姐在美國俄亥俄州托利多小鎮住了十幾年，這小鎮華僑很少，她認識了一些美國朋友都是與她生化營養學有關的或是與大姐夫農業有關的。當我們往訪他們的時候，在這小鎮四天，她卻安排了參觀拿破崙美術館、布瑞爾博物館，拜訪藝術家瑪麗・史密斯老太太、水晶玻璃藝術家貝克・歐布萊揚小姐。使我大為驚訝，她也結識當地有名的藝術家，而為我安排充實的四天活動。

拜訪藝術家瑪麗・史密斯是第二天下午，從大姐家去要半小時車程，大姐夫開車，小鎮道路在綠色大地中伸展，藍天白雲，又是美好的一天。

瑪麗・史密斯老太太在門口迎接我們，一幢大型住屋，進門小客室，專供喝咖啡的地方，靠窗一半圓形桌子，幾隻別致的椅子，飲用咖啡時可望庭園的部分景色，靠內一列小型沙發，兩邊放置玻璃櫥，一座專陳列老太太收藏的水晶玻璃製作的小動物，另一座陳列各地玩偶，有中國日本韓國的娃娃。從小客室進入大客廳，兩組大型沙發，幾座中國瓷瓶、日本俑偶，壁間一座木雕，像是我國古廟宇之飾物，兩幅浮世繪及一幅中國書法。

瑪麗·史密斯女士，今年八十七歲，這一生三度結婚，第一次婚姻，丈夫是商人，以後丈夫病故。第二次婚姻，可說是她有生之年最愉快，最能發揮的時期，丈夫是畫家，曾經帶她去過日本等地小住，回美國後即在這地方買下一大片地，蓋了房子、畫室、園庭，全部由太太一手擘劃，除房屋之外，叢林、池塘、花圃。不幸的，這畫家丈夫又病逝了。第三次再婚，丈夫還好，遇上了兇悍的婆婆，把她整得慘兮兮地，是她一生的苦難時期。後來丈夫又病逝。她方能自由自在地，孤獨地住下來，從事於雕刻、陶藝及繪畫工作，做她願意做的事，我們會感到一位老太太孤獨地守著這麼大地方，未免會寂寞。她指著那隻大狼犬，那兩隻小花貓，樹上那群吱吱喳喳的小鳥，從叢林跑來要食物的小松鼠，還有一些近鄰婦女來與她學做餐點。她活得很快樂。

老太太做餐點手藝不錯，當我們在喝咖啡時，她把昨天從樹上採用的果實做的派，請大家試嚐，都得大家的讚美。

在書房，有隻桌子，桌面是她的作品浮雕，一面以花組成的圖案浮雕，上加一厚玻璃，精緻美觀。在工作室中許多她的浮雕木板，大多是以花為圖案，她說：

「閒著，刻些東西，並未用心去刻。」

從工作室一道門可通庭園，她丈夫生前的畫室，單獨的一座建築，有四十坪大，保管得很完整，大小的畫架、載物臺、壁間掛著的油畫作品，風景與靜物居多，全係寫生的，載物臺上的瓷瓶、蠟製的水果。畫室內一張帆布單人床，供畫家休息用，或是模特兒的道具。床旁一茶几，煮咖啡壺、杯子齊全。

瑪麗・史密斯老太太在此地製作陶藝。她從一簍小陶玩中摸出兩隻澳洲動物，不像牛也不像馬，分贈大姐夫與我。

「這動物會帶給你們幸運。」她說。

我們謝了她。

出了畫室，走向庭園，三四千坪的綠地，除了靠屋的花圃，有一噴水池，池中裸女銅雕，大概是她丈夫的作品。

瑪麗・史密斯老太太指著那叢林，介紹了許多樹的名稱，樹上小木屋是供小鳥住的。她對植物改良及花卉有很濃厚的興趣，許多她植的花，是可以做藥治病的，有些草可以防什麼病的。

叢林前一幢木屋，是傭工的住房，傭工幫她整理這庭園，並開車送老太太去辦事與購物。

老太太生活在這美好環境中必定長壽，看她的活力猶如壯年，她不要女兒回來陪她，寧可自己一人沉湎在這自然美景及藝術品中。她說：

「能把心靈中想像的表現出來，是件極愉快的事。」

看她的造型藝術比平面繪畫有創意，本土化的民俗趣味，因與畫家丈夫一起出國旅遊，參觀考察，在創作技巧上改變了不少，內涵本質仍然保留著本土化，這是她立場正確。

在畫室，她得意地指著丈夫的油畫作品，敘述當時丈夫作畫的情形與心得。

「他該帶你去中國大陸或臺灣，那兒是東方藝術的寶藏。」貞婉說。

「是呀，可惜如今已老了，沒有機會。」

「你可以要女兒或女婿陪你去呀！」

「我不要麻煩他們。」

看她的木刻浮雕，有我國古代廟宇木雕飾物的氣氛，年紀大了，手力仍然強壯，十分難得。

在瑪麗·史密斯老太太家半天，感到藝術使她生活得長壽、有信心、極愉快。

八十一年六月五日臺灣副刊

歷史如能倒流，真好！

在波士頓，住哈佛校區。這裡中國留學生好多。一位在輔大任教的美籍歐陽偉神父，回國度假，也住哈佛園區內，因此，我們由他陪同，一起去玩。

貞婉的么弟丁立人在美行醫十年，結婚生子，住波士頓市郊，他帶了美籍太太及四位子女，開一部小型遊覽車到哈佛接我們及歐陽偉神父去普利茅斯。

依據丁立人的生活習慣，如果有親戚朋友到波士頓來看他，必須導遊一趟普利茅斯，讓歷史倒流，回味中世紀時，英國五月花帆船帶來的人在此地登陸、居住，經營這一片大地。

丁立人走這條路很熟悉，大概導遊過不少的親戚到普利茅斯，看他開車，道路純熟，不必問路，也不須看地圖，該在那裡午餐，該在那裡歇歇腳，喝些飲料。途經甘迺迪總統紀念館，車停下來，他去買四張門票，請我們進去參觀。他的太太帶四位小孩在附近玩。

兩小時後，我們出來，大家上車，直開向普利茅斯。車停在停車場，大家步行一段小石子道路，五十公尺就到一間古式木造二層樓房，可以說是這村落的大門，也像是古代小教堂，幾個座位及祭臺，供神父講道之用。左邊木梯上樓，像是瞭望臺，防衛地方，有兩座古式大砲。走出這裡，小石子路旁種植玉米及小麥，小麥已黃，玉米卻是一片綠。

立人原有「蓋仙」之稱，很愛講笑話。現在為父，忙著幫太太照顧小孩，抱著老么，仍然說說笑笑。老大八歲，不時拉著我的手，她會用中文說：「安各其茂，我愛你。」

村落周圍以一根根丈餘高木頭圍起來，成為一道木頭牆。路旁房舍三五為伍，可見當時用木頭蓋成的，有些用泥土塊疊積成牆，屋頂都用茅草當瓦，門外三三兩兩婦女穿著十四世紀歐洲的服飾，像似法國畫家米勒名畫「拾穗」、「晚禱」中的當時婦女裝扮。厚而大的長裙加上圍裙，頭上帽子。她們在縫製衣裳，或是屋外菜園拔草、種花、種菜等工作。她們極喜歡與觀光客談話，所用的口語都是十四世紀時的用辭。她們僅懂得照顧家務事，養育小孩，幫助丈夫耕作。其他什麼太空、核能等事，說不懂，也未聽說過。觀光客可以進入她們家察看，室內暗淡，一盞煤油燈照著那簡陋的家具，房間木床，厚厚棉被，桌子、木椅、廚房用具都以十四世紀時英人所應用的東西。

立人的四個小孩去逗著羊欄內的羊群玩，我去看她們用手擠奶。一位男士提了一桶水進來，在養牲口食物的桶內加滿了水，然後出去，在家門口劈柴。

房舍雖是三五在一道，樣式卻不一致。在人來人往中，我大概看出了當時他們生活情況。雞犬牛羊一群群，他們主要是畜牧。我看到兩位男士從村外森林狩獵歸來，帶有獵物野兔、山雞。家人來接，高興地取下獵物。

一位婦人走向我們。

「你們那裡來?」她問我。

「中華民國，臺灣。」

「臺灣，在那裡?」

「太平洋的那一邊。」

她不懂。不知道是真是假，可能是一批演員。我仔細觀察屋內陳設，不像是常住這裡。大概是為了維持村落的存在，引起許多觀光客對普利茅斯回味一下十四世紀的生活，而長期雇用這一批人來扮演。

在那鋸木廠，挖下一土坑，把長木頭豎立固定好，手拉巨鋸，兩邊各有人拉動，看他們運作並不是很純熟，而很吃力，氣喘如牛。這是我們人多的時候，他們才表演的。

一家打鐵店，與我國古代打鐵作業一樣，成品大多是農具。

這半天，我們是在十四世紀，五月花號帶來的英國人村落度過。

最後，去海邊看大船五月花。距離村落有十分鐘車程，非常美的海濱，除了五月花號帆船之外，尚有許多小漁船。海邊一塊石頭，刻有一九四〇年字樣，周圍欄杆，說是五月花號帶來的石頭，供遊客觀賞，漲潮時，海水滿過石頭，退潮時，可見沙灘，有人丟銅幣許願。

這裡遊客很多，登船參觀五月花號要購票，船內仍然保留十四世紀時的設備，船長與船員穿著當時服裝，親切地與觀光客交談。

我們下船之後，丁立人帶我們進一家餐館，享受一頓龍蝦大餐。

天色暗了，我們將要離去，我想：歷史如能倒流，真好。

八十一年五月二日臺灣副刊

夜，在海濱白沙灘上

到了聖地牙哥，星雲大師已在西方寺等候我們了。我們是應西來寺之邀來美西的。一下飛機，劉枋大姐把我們先接往聖地牙哥，安排更便利於旅遊行程，要去海洋世界，去狄斯奈樂園都是順路，然後才到西來寺的。

西方寺建造在市區內，不許蓋宮殿式的寺院，但是雖是一幢三層六樓，卻很會設計，可以看出來這是一座新型寺院。星雲大師在美的七個基地之一，除了洛杉磯西來寺完工之外，西方寺也大體完成了，一樓是大餐廳，二樓是佛堂，三樓是房間。和尚、尼姑的住所是在停車場的另一端，幾幢平房建築。

我們是首批住進三樓房間的客人，一切都是新的。星雲大師把我們安頓好之後，就回洛杉磯西來寺去，這裡一切留給劉枋大姐與永勤法師。

第二天，去墨西哥，下午回到海洋世界，參觀一些稀有的魚類，看海豚表演。回到西方寺，天色已暗，住持法師宣告，飯後留房間內休息，沒排其他活動。

我給聖地牙哥大學李神父掛過多次電話，都未能找到人。後來又想出去逛逛，住持法師怕會遇歹徒，出危險，不給三兩人在夜裡外出走動，只好決定開一部中型巴士去海濱沙灘玩玩。

車在一家五星大飯店停車場停下來，住持法師領我們進入這家建築與眾不同的大飯店，飯店造型古典，入門大廳非常豪華，我們從大廳旁廊走向後園，走廊邊是商店，賣高貴飾物及紀念品，有一段為畫廊，大部分為名畫複製品。後園是一大型花園，有涼亭，座位舒適，除了樹木外，青青草地，部分是花圃，旅客可以在這地方散心。從右側下去，為網球場及游泳池、溜冰場。靠飯店的一邊，是一排服飾店、美容店、飲食店。靠前的一座塔式高樓房，有如哥德式教堂的鐘樓塔。在夜晚的燈光照耀下，這座五星大飯店的景觀，十分美麗。

我們從網球場旁的一條小路走向海濱，有些夥伴，脫下鞋子在沙灘上走。要走到海有一百五十公尺之遠，一片白沙灘，走起來十分吃力，步子跨前走時，會往後滑，只好一步步地慢慢走。海，一望無盡，天黑了，我只能欣賞這一片白色沙灘，聆聽海濤的聲音。沒有噪音，也沒有污染。有時回頭觀看這座大飯店及市街，夜晚的美景，閃爍的霓虹燈，使沉寂的夜活潑起來。

白沙很乾淨，用手玩沙，手上不會留著塵泥，光著腳的人，不必洗腳就可穿上襪子及鞋子。

我們在海濱有一小時，以後一陣夜霧瀰漫，氣候也逐漸變冷。我喜歡在這白茫茫的夜霧裡，聽海濤的聲音，有節奏的自然音樂，我會憶起了童年，童年以看海為樂的時候，幾十年之後，年歲大了，要像童年時跑幾里路去看海的勇氣已經消失了。今晚，聽海濤，我仍然看到海的可愛。雖然是一片漆黑，一片白茫茫的霧，心中的一幅海濱的畫，白色沙灘上還留著我們的腳印。

三三兩兩地回到飯店的網球場邊，坐在望海的座椅上，看那白色沙灘，越縮越小，夜，將吞噬了大地。

七十八年三月十三日中華副刊

亞倫・豪瑟的雕塑藝術

一九九一年六月，臺灣省立美術館展出「新墨西哥州的傳統西南寫實主義展」，在這大展示內，我逗留了三小時，對亞倫・豪瑟的兩座銅雕及一座石雕印象至深，特別喜愛。第二年，我應哥斯大黎加國家美術館之邀，前往聖荷西參加畫展開幕式，之後我與貞婉轉去美國，在新墨西哥州停留了一週時間，往訪新墨西哥大學，去聖塔費住了數日，拜望過州長布魯斯・金，州長前一年來臺灣參加省立美術館展出新墨西哥畫展開幕式時見過面，與他談得來，此次路經新墨西哥州，順便拜訪他，與州立美術館館長大衛・幼娜女士一起讓州長在聖塔費藝術學院旁的一家中國餐館「湖南館」請吃飯。聽說這位牛仔州長很富有，擁有許多土地產業。州長豪情萬分，酒量亦大。

下午由聖塔費藝術學院教授陪我與貞婉去參觀博物館，在館內左側三間展示室都是亞倫・豪瑟的雕塑作品，大大小小數十件。我仔細地欣賞，每件都是上乘之作，令人不忍離去。

世界有許多地方是在有歷史之前就先有繪畫及雕刻，如美國西南部，歷史是來自繪畫與雕塑，測想在十九世紀初葉，藝術家喬治・卡特林、卡爾波德摩等人，邊陲之外探險，捕捉風土人情，呈現了當時少數人親眼看到的景象，創作傳統藝術，由約翰斯史坦利及亨利尼延續下來，而由陶斯藝術家協會之創立者引進本世紀，成為現代藝術家在美國西南部的風土民情作品。

亞倫・豪瑟的作品以傳統鄉土本質出發，融合了時代背景，創造出來的藝術品，是值得大家重視的。我們在美國西南等地公共場所，都能看到亞倫・豪瑟的作品。

一九一五年出生於奧克拉荷馬州的亞倫・豪瑟，父母業農，種植麥與棉花。他幼年時期，常坐在火爐旁邊聽父親講他們奇利加瓦・柯帕契族（Chirlcahua）的歷史故事，使他感到族人好偉大。他說：「我要吸引人們注意，由幾世紀以來，美國原住民的價值，特別是與大自然和諧相處。」一九三六年，豪瑟到新墨西哥州進入聖塔費印地安學校就讀，在一項特別的年度課程裡，當了一名藝術專修生，他發揮了藝術天分，全心全意想當個專業藝術家，因為家庭經濟能力不足，畢業後在藝術學院任教，一直到一九七五年，他年紀六十歲即告退休，才實現他之願望，當一名雕塑藝術家。亞倫・豪瑟的作品以抽象與具象之間交互組合，他說：

你們要的，不就是能以極簡潔的線條，來表達創作的理念。

作品獲獎：美國印地安資源研究所的「美國印地安人傑出藝術成就獎」。奧克拉荷馬州之「名譽廳獎」。法國政府之「帕姆茲學術獎」。聖塔費扶輪社「一九八五年藝術家榮譽獎」。新墨西哥州、奧克拉荷馬州傑出藝術家獎。紐約古根漢美術館繪畫雕塑研究獎金。

作品被收藏：法國龐畢度藝術中心，駐聯合國美國使館，英國皇家藝術學院等處。在美國史卡茲岱腓尼基度假勝地，那裡有個別致花園，專門展出戶外雕塑作品，有許多亞倫・豪瑟的作品。

「我不只是為自己工作，而且更要榮耀美國印地安族人。」我看他作品都是雕刻印地安人，十足顯露出「愛與和諧」。每次一座作品完成時，他總會想：「我想是因為對自我的愛吧！父母生我感到驕傲，我以他們所經歷的艱辛為榮。」

豪瑟在任教期間，教導學生要使美國印地安人因自己的藝術而感到驕傲，教學生看到一幅作品完成時，內心愉快地想著：「老天太偉大了！」不僅是學生感到快樂，他也高興，看那美麗的線條，豪瑟說：「這兒，就是這兒，是你的樣子，也是我的樣子。」努力再努力，將認為所擁有的一切發展出來。每當填寫獎助金申請資料表格時，才會知道自己做了些什麼。

他說：「不管我選擇那一方面，一定要成為其中之翹楚。如果是雕塑或繪畫，都要成為世上最傑出的作品之一，這是我工作的目標。」

看他一九八七年作品「母與女」，以一塊石頭雕成，在嚴寒天氣下，一條大毛毯蓋著母女倆，坐著僅露出兩個臉，母親與女兒，安置得當，親情流露，使人喜悅。一九八六年作品「未來」銅雕，一對印地安青年夫婦，提籃裡的小孩，仰望前程。一切充滿了樂觀，希望未來的日子會比現在好。

去過新墨西哥州的藝術家，都發現這裡的人民，文化及自然景色為創作本質，加上傳統與現代的持續，它串連了過去與現在及未來，作品才能永恆。

八十三年二月二十六日臺灣副刊

輯四：亞澳行腳

凝固的松花江

人總是這麼怪，我是個最怕冷的人，偏偏往哈爾濱去賞雪。在電視上看雪景，是多麼美，多麼好玩。可是處身在零度下三十九度的哈爾濱，卻是哈爾濱人所說的：美麗「凍」（動）人。仍然可得一份刺激的美。

今年哈爾濱比往年冷，冷到零下三十九度，當地人到了零下四十度就不出門了，避在家裡烤火取暖。我們一伙十二位結伴同往，想在雪中尋覓舊夢，勇敢地在雪中生活十七天。如果說這群傻子，在最冷的時節往東北去，白皚皚的冰雪世界帶給傻子們無限的樂趣。

除夕前兩天到哈爾濱，行前已有準備，如雪衣、毛線襪、皮靴、手套、毛線帽子、圍巾、墨鏡等等。記得十幾年前我在瑞士上少女峰觀雪，僅穿著一件美式夾克，乘火車從山洞內上到山頂，在山頂酒店吃鹿肉喝美酒，然後從洞口出去山峰上，望下一片雪白世界，多美。並不覺得受凍。最有趣的是前一晚，我為了在洛森博物館拍一座雕塑，不小心跌傷臉部，醫生要我躺在床上休息，不要上山去。我以為機會難得，不願輕易放棄上山。第二天，臉部的傷卻好了，消腫。這事使醫生感到奇怪。我想，天氣這麼冷，傷口不發炎，自然就好了。

從廣州白雲機場搭機去哈爾濱，鄰座一位哈爾濱小姐告訴我：像這樣裝束到哈爾濱是不行的。

「雪衣、皮靴、毛線褲都不行嗎?」我問她。

「不行。」她要我看看她的棉衣褲、棉靴、蒙古帽。

我仍然不相信她所說的那麼冷。

飛機將要降落，我們把所有的裝備一一穿上，把毛線圍巾纏在臉部，只留兩隻眼睛。提著行李走出機門。天呀！真冷，風雪掠過，臉上陣陣刺痛。

導遊張先生及于小姐（中國旅遊社）來接，趕緊上車。先到飯店，填飽肚子，再去買棉靴、棉衣。

在哈爾濱有三、四天的時間，活動安排十分緊湊。晚上要去公園看冰雕。

為了怕走失，十二人分三組，由三位導遊伴著進會場，會場很大，整個公園都是冰雕，非常壯觀，冰雕內彩色霓虹燈，顯得十分豔麗。都是各大公司廠商及外國機構單位製作的，以宮庭樓閣、涼亭、大型樹掛、各種動物，尤其是馬、龍與獅子之造型，刻工之精細，不亞於日本之北海。有些內部供人進入拍照，三角二角收費。天氣雖冷，仍然許多遊客，小孩在嬉戲，滑倒了又爬上來，不只是小孩，連同大人也是同樣。我們伙伴中有人吃不消，先回到車上（有暖氣）。我為了便利於拍照，脫去了一隻毛手套，立即凍僵了小指頭。回到飯店，泡在熱水中，久久才復元。

哈爾濱人重視過年，街上商店很少有櫥窗，店門狹小，有塊厚厚的棉布簾（避免寒風吹進去），人進人出比往常熱鬧。每條大街的兩旁白楊樹，僅是些枝椏伸向天空，高高地直立著，它們等待冬天過後，春天的到來。

在這裡，我喜歡松花江，江面結了很厚的冰，遊客可以從堤岸上滑下去，只要一張報紙坐著，一溜而下，到了江上。

凝固的松花江，也給居民帶來不少財富，如以馬拉雪橇，以狗拉雪橇，以風帆拉動雪車，最快的以馬達車載客，最慢騎驢子走，在江面兜一圈，每人二元三元，使這些在雪地找刺激的人，享受著風雪撲臉的樂趣。

有人在江面挖了一座游泳池，十來位青年光著身子，在游泳池畔跑了一圈，向圍觀的群眾顯示勇敢，接受觀眾們英雄式的歡呼，然後跳下水池去。觀眾五角一元地給了錢，而泳者的皮膚都凍成紫色，要賺這些錢也是極不容易的事。

三十年前，我一位哈爾濱的朋友，她是學音樂的，聲音清脆，說話十分動聽，她說松花江每年冬季結冰，取這兒的冰塊雕成冰雕。小時候常在江面溜冰。現在我證實此事。松花江結冰季節，江面確實熱鬧起來。近年來，中共開發觀光事業，大批的外來客擁進哈爾濱，看那些穿著胖胖的雪衣，戴著毛線帽，穿長靴子，每個都像耶誕老人，雖然沒有背著一大袋禮物來，而那小包包卻有不少的財物，在松花江上，乘風吹雪橇，狗拉雪橇，馬拉雪橇或騎驢子慢步江上冰雪之間，十元八元地花。

哈爾濱人沒有像外來客穿著那樣圓圓胖胖的。他們只是棉衣褲，再加上一件舖棉的列寧式大衣。小孩格外不怕冷，棉的開襠褲，棉衣衫子特別長，可蓋住小手，在雪地上，臉頰紅紅地，十分可愛，看到他們，逗著他玩，或從小包包內取些巧克力或糖果給他，他會像看耶誕老公公那樣親切，說聲：「謝謝。」

「沒事，沒事。」(不必客氣之意)，我們也學會了這麼一句回答的話。

七十九年三月十七日中華副刊

寒山寺鐘聲

好像是到了蘇州就非去寒山寺不可。寒山寺之聞名為臺灣人所熟悉，如果不去看一下寒山寺會感到是一件憾事。

我經常去歐洲旅遊，總是把看大教堂列入主要之活動，大教堂之建築是用多方藝術品堆積起來的。去大陸，自然不放棄看古寺院，可以尋覓些古蹟文物，多瞭解些我國先人的偉大。

蘇州寺廟很多，寒山寺特別聞名，唐代詩人張繼一首〈楓橋夜泊〉詩，而使這座古寺名傳萬里。

現在寒山寺也取這首詩印在各種紀念物上。看那一批批觀光客，排隊等候與這塊刻詩石碑拍照。

「不要把『姑蘇城外寒山寺，夜半鐘聲到客船』幾字樣擋住。」有人在喊。

碑是黑色大理石刻的，據說原先是明代文徵明書寫，後來失落。光緒丙午年再由俞樾書寫重刻。

寒山寺位於蘇州城之西。梁天監年間（五〇二年～五一七年）建立，原名為「妙利普明塔院」，兩百年後的唐代，一名和尚名叫寒山的在此主持，改名為「寒山寺」。除唐詩人張繼寫過詩外，後來住持僧寒山也是位愛詩者，明代才子文徵明、唐寅及清代揚州八怪之一羅聘等人的書畫不少。現在大殿西側牆間尚可見碑文殘片。

我們在大殿前左側一間佛堂內，見到寒山、拾得兩和尚在一起的塑像。這是普通寺廟所未有的。關於寒山、拾得，據辭典上記載：唐代兩位奇僧，生卒年月均不詳。出現在宋代的人物傳記中，有「傳說人物」之說，寒山住在天台始豐縣的寒山，拾得被天台山國清寺的豐干寺僧所拾得而收養，為兩人名字的由來，也同為豐干弟子，尤其以超俗奇行的窮小子而聞名，向國清寺討殘飯，蓄於竹筒內作食糧，有時放歌高吟，發奇聲、謾罵，使得寺僧們十分困擾，但兩人均精通佛學哲理，擅長詩文，與豐干被稱為「三隱」或「三聖」，成為我國、日本之畫家的作畫資料，有顏輝因陀羅、可翁、明兆、松谿等傑作。

在大殿的左側一壁為羅聘所畫寫意的寒山、拾得、豐干三人的浮雕石刻。

鐘樓在大殿與後殿之間的左方，二層之六角建築，一座大型銅鐘吊在二樓，這鐘是清代光緒三十二年鑄造，張繼詩的鐘聲即由此而發。據說每年過年前後，大批日本人到此來撞鐘，鐘樓前門一小和尚在收取撞鐘費，上樓撞鐘三下。這樣，可消除一年之煩惱。我們排隊上樓撞鐘，讓一切煩惱隨著悠揚的鐘聲而消失。

寒山寺香火鼎盛，人潮不斷，而寺內的鐘聲陣陣傳出，自夜半起到黃昏。寺前一小段路程有一座拱形橋，為江楓橋，河上停泊許多漁船，給寒山寺多添了美麗的景色。

記得小時候，大表哥帶我去泉州開元寺，進門就給那四大金剛嚇住了，緊拉著大表哥的手，後來又被那十八羅漢嚇壞了。現在，我進寒山寺，又去鐘樓撞鐘，心中沒有煩惱，也無恐懼。進了羅漢堂，看那百尊表情怪異的巨型羅漢，我慢慢地欣賞他們的神采。

終於我們要離去，上了車，寒山寺鐘聲漸漸地微弱。那張撞鐘的照片，看著它，聲音仍然迴旋在腦海裡。

七十九年五月二十三日中華副刊

拙政園的深沉美

臺灣地小人多，一家人擠在一間小屋裡。每天忙碌地工作著，為了賺錢，錢有了，生活品質要提昇，那就是開汽車、吃大菜，造成了污染。於是，有人懷念已往農莊生活，寧靜安祥。

去蘇州，使我最感到興趣的是庭園，中國有錢人在年紀稍長些時，都喜愛幽雅寂靜的生活，庭園設計藝術特別突出。我曾去過拙政園，一兩天行程中又是匆匆地離去。在蘇州尚有獅子林、留園、網師園、怡園等，只好留著下次再來吧。

我國古典建築設計原是和諧劃一的，無論是造型與色調。紫禁城之建築群，雕樑畫棟，顯示出宏偉美麗。庭園設計，以地形而設置樓閣，亭榭、畫舫、曲廊、石橋等，以及樹木、花草之種植，適當地調配，雖是每座樓、廳、堂、亭樣式不一，但，整體是一致的、劃一的。「江南園林甲天下，蘇州園林甲江南」之說，可見蘇州的園庭特別多，而特別美。就以拙政園來說，它的特色是水多，池水佔全園五分之三。在樓閣臨窗眺望，可以看見樓閣曲廊、拱橋、亭榭、畫舫在水中的倒影。

臺灣的許多景色較美的地區，都給人為所破壞，自然景觀受損。前年，一位倫敦大學教授來我家作客，我陪他去高雄，帶他去澄清湖遊覽，他對人工建造及設色大為不滿，他說這是他見過最醜陋的湖。英國人崇尚自然，一切以大自然原有的美為主要。像倫敦的海德公園，一片青草與樹林。英國最大的國家公園：湖區，區內小鎮全保留著依莉莎白式的舊屋。像拙政園這樣建築能與大自然互相配合，實在不容易。

拙政園在蘇州婁門與齊門之間東北街。明代御史王獻臣引退還鄉，買地建造，取名「拙政園」是以西晉時代學者潘岳的〈閑居賦〉中之「拙者之為政」而得名。利用這一帶的地形，主要建築物十分之八九依水而建，據說當時文徵明、沈周等人都參與建園設計工作。在文徵明的〈拙政園記〉中：「郡城北東部從婁門至齊門之間的空地多湖泊，陸地樹木特別嫩綠。」拙政園面積約四公頃多，分東、中、西三大部分。

東園入口處，可到「歸田園居」，一九五五年重修，配合「秫香館」、「蘭雪堂」等建築物。中園向西之長廊，是蓋頂而有窗，通達「依仁亭」。這一帶以視覺設計，遠看半亭「別有洞天」，一半「倚紅亭」之倒影在池水中，互映出美麗畫面。遠眺北寺塔，如像在庭園之內。這是蘇州造園用借景法，有深奧的視覺藝術。

石雕欄杆通過石拱橋到「遠香堂」，是中園之中心建築，主人在此宴客的地方，四方開闊，明代的格子窗，前後相通，周圍之景色，觀賞綠柳枝沾水，池中荷花放香。以宋代周敦頤之〈愛蓮說〉中之句：「香遠益清」之意而取名「遠香堂」。這裡南北側平臺下的荷花是庭園景色最美的地方。「荷花四面亭」夏天乘涼，觀賞楊柳低垂，水面荷花飄香。我看亭的柱子上對聯：

四壁荷花三面柳，

半潭秋火一肩山。

曲橋西走「柳陰路曲」通達「倚玉軒」。從「遠香堂」後短廊也能到「倚玉軒」，西邊的廊橋，橋之南又有三間樓閣，靠水邊的房子，形如渡「旱船」，下層名為「香洲」又叫「芳洲」，是文徵明以屈原〈楚辭〉中之「採芳洲之杜若」，採摘水中荷花之意。「旱船」上層「澂觀樓」是船艙，中置一面大鏡，從鏡中可看到對面的「倚玉軒」一帶的景色，這樣，坐在「澂觀樓」也可自格子窗外看到似虛似實，如真如幻的景色，也是借景手法之一。

我走到「玉蘭堂」，堂內掛有文徵明的書畫。猜想該是讀書地方，特別寧靜。再去「見山樓」，三面是水，西側臺階，可至「雪香雲蔚」亭，從「綠漪亭」迂迴向南，過一段長廊就是「梧竹幽居」亭，觀賞梧桐與竹林。東向之「待霜亭」，很美的石欄杆小路上小山，古木群立。「綉綺亭」以南一片枇杷園，穿過一道圍牆到「玲瓏館」、「嘉實亭」、「海棠春塢」、「聽雨軒」。

從「別有洞天」通入西園，這一帶主廳為「三十六鴛鴦館」及「十八曼陀羅花館」，從這兩館名稱看，像這池中有三十六隻鴛鴦，山坡上有十八株曼陀羅花似的，現在我沒見到一隻鴛鴦，山坡上卻有十八株山茶花。據說這兩館也是主人宴客及聽戲用的。

東側山坡上「宜雨亭」，北西地方的「留聽閣」，以唐詩人李商隱之「秋陰不散霜飛晚，留得殘荷聽雨聲」而得名。「留聽閣」優雅彩色，西側有數百盆栽，古色古香。

拾階上山坡，「浮翠閣」、「笠亭」，南邊的「與誰同坐軒」，扇形樣式，與誰同座？明月清風我（古詩句）。「拜文揖沈之齋」是為紀念文徵明與沈周的，館之兩壁間有二人石版浮雕像，已經模糊了，四百餘年來，僅有文衡山手植藤蒼翠爬在碑石上。

我們走了一圈，大體上看出拙政園有極濃厚的沉著之美。不只是色調統一，而各樓閣、亭榭、畫舫、石橋之不同造型也極完美。家具等物十分樸實，整個庭園令人感到幽雅而沉著，寧靜而莊重，走在這裡的人，心境喜悅，流連忘返。

七十九年五月二十三日中華副刊

石刻

記得二十年前，我家來了一位曼谷華僑，在我畫室內大談泰國的寺廟，說到石刻，他認為泰國石雕是世界第一。恰好，郵差送來一本自日本出版的《大足的石刻藝術》，印刷非常精緻，一座座佛像栩栩如生。他翻閱之後，感嘆中國的石雕高於泰國，馬上改變了他的觀念。全世界有許多石雕名作，就是沒有機會看到，不要只是坐井觀天。

我國石窟的石雕較多聞名國際的是甘肅的敦煌，山西的雲崗，河南的龍門。至於大足石刻卻知道的不多。大足位在四川東南部，重慶往東行一百六十里即可抵達。這些佛像石刻是晚唐到宋代的作品，在中國文化、藝術、宗教史上佔重要地位。

雕塑藝術中，以石材為素材的雕刻，是最富質感的作品。一九七〇年，我在巴黎認識了一位雕塑家克羅德・博谷拉修，在他展覽會場上與他談及石刻，因為他作品中大部分以石雕為主。他說：一塊石頭，經過藝術家雕琢成為一種美的造型，有部分研磨光澤，有些部分處理粗糙，表現出藝術家創出的肉體，仍然躍動著血與情感。

他喜愛中國的石刻藝術，曾經倣造龍柱，刻為數十人體擁抱的石柱。

西洋自彌蓋朗基羅、羅丹、亨利摩爾等人，他們的不朽作品，每次吸引了我，對著那座大衛石像，不會相信它是一尊沒有血脈躍動的石像，我欣賞久久不能離去，深深的佩服藝術家的偉大貢獻。

此次，我們到西安，在這裡耽擱了三天，在這古蹟最多的地方，兩三天只是初探，日後，我會重來，好好地住些時日。

去碑林就夠作數天時間欣賞，許多名家法帖都是自此拓印的，我們快速地走馬看花式，也得半天時間。

在碑林旁有一座石刻藝術陳列館，這座館是一九六三年建立的，陳列八十三件大型石雕作品，這些作品全是陝西省境內的帝王陵墓及文武大臣墓地的石雕，部分搬移到這兒的。以往王侯之墳墓以石刻將軍及石獸來作鎮壓邪神之用，其石刻都為大型之作。在這裡，唯一的一件小型的是菩薩頭像，從大壁雕的佛像切打下來的。頭部頂上尚有九座小佛頭像，是唐代作品，一九六三年在西安市郊出土。

兩隻巨大的石虎，是從禮泉縣昭陵移來的也是唐代作品，雕工之好，看來十分兇猛，令人害怕。一座直高一一〇厘米的白玉菩薩像，已殘缺，沒頭沒手。比菩薩像高出一倍半的石犀，是從三原縣唐高祖陵前移來的。

唐壽墓石槨都移來了，巨大如小屋，可由一小門進去，四邊都是極精緻的浮雕。中間靠壁的一大片巨型浮雕昭陵六駿馬，禮泉縣唐太宗昭陵移來的。

在國內的帝王陵前幾里路旁就是石刻文武官員，及坐立之巨獸，排列壯觀場面。如果與歐美帝王陵墓相比，我國帝王陵是壯觀多了，還可以看出我國歷代石雕藝術之不同處。

在杭州靈隱寺前的片岩石下有幾處洞穴，保存著宋元的雕刻藝術，計有石刻佛像三百三十八尊，其中部分為紅衛兵所破壞，比較完整的集中在青林、玉乳兩個。據說洞口外壁的「盧舍那佛會」浮雕是宋真宗乾興六年的作品。在一平方米大的石壁上，刻有大小不同的十五尊佛像，技法細膩精湛，盧舍那端坐蓮花臺上，旁邊是文殊和普賢，還有四大天王等佛像，形象動人。洞內的造像，都以密宗佛像較多，為印度佛教中的一個宗派。飛來峰沿溪石崖的大力明王造像，算是密宗藝術的典型，石龕正中是三頭八臂佛，裸著上身，兩旁侍立菩薩，上有飛天者，這是元代作品。其雕工與布局與宋代相比，卻有不同之處，可見石刻藝術是越來越精緻。

在臺灣也有不少石雕佳作出現，像廟宇的石雕，都是老師傳承傳下來的。謝東閔先生任省主席時，他提倡石雕藝術，想在手工藝中心廣場，創設石雕園庭，當然無法與挪威石雕公園相比，仍然盡力，每年一座作品，至今該有十來座了吧。

南投有位老農夫林淵，年邁時期以石刻為樂，因為他見聞少，在他腦子裡僅是那豬、狗、牛羊，再者就是孫悟空之類的神話人物，因之，他的作品也不過是這一些，談不上技巧，能刻出一個形，有時什麼都不像，他的目的以此自娛，素人藝術，作品未受肯定，卻有人捧他為大師，為他設館及公園。請勿大肆宣傳，以免國際人士以為臺灣雕刻藝術是如此差勁，沒有水準，更談不上藝術生命。

我國石刻自有東方藝術之特色，不論是動物形態或是人物處理，都在寫實與意象間造型，藝術整體化，形成一種特色，與西洋的個別處置大有相異。

在雕塑壇上，石刻是件最吃力的工作，也是實質表達最完善的藝術品，希望我們藝術家共相勉勵，共同努力，使我國石刻藝術，更為光大。

七十九年五月六日中華副刊

我去過大足

「我去過大足。」我說。

「大足在那裡？為什麼要去大足？」有人是這麼問我。

「大足」二字對臺灣去大陸旅遊的人，卻很陌生，就是到了重慶，也不會要去大足的。大足石雕是我國聞名國際石窟藝術，也為佛教極重要的地方。我國四大石窟：甘肅省之敦煌，山西省之雲崗，河南省之龍門，四川省之大足。

我們在重慶的第三天，本是飛西安，因飛機延誤不飛，我們必須多留重慶一天。因之，我決定去大足一趟，因為想去的人不多，全先生為我雇了一部小車，並要游小姐與張全陪我前往。

前兩天，我們去四川藝術學院，展出組主任陪我參觀該校師生作品，經過雕塑室，前面幾座石刻佛像，那是從大足搬移來的，據說大足石雕原是他們研究的重要課程。

大足在四川省東南部，重慶市之東方一百六十公里的地方，因為路小，行車時間要兩小時半。據說晚唐時一位僧人看中了北山之頂寶山，那一大片岩石，而親自計劃，統一安排、設計，請境內四十多位雕刻家參與刻製工作，群力合作，規模之大，技法之優秀。經過北宋、南宋才告完成，至今已達千年以上歷史，在中國文化、藝術、宗教史上佔重要地位。

這裡的石刻，刻出了神與人的關係，內容極豐富，雕刻的形象生動，為我國之石窟藝術史倍增光彩，評價之高，不亞於敦煌、雲崗、龍門。大足石刻另一獨特構成的要素，為力、水、音、光的效果巧妙，所有石窟，窟少而龕多，古代地質學專家認為北寶山的石質與力學原理，適應整個石窟境地，洞內之石壁水濕，水之音形成了神祕之音。

我們是在北口的貴館，遇上一團日本旅遊團，其導遊要我們跟他們一起，在行動上比較方便。到了北山，購票入場，步行五十公尺，石階下坡，遠望那一大片石壁的石刻，內心之興奮，「我到了大足了」。

丘陵起伏，北山彎有五百米多的岩壁，石像群在遠眺中，工程之宏偉，使我難以想像。過了一座石橋，即開始接近石刻，前有碑文，我沒去讀它，那一尊尊的石像吸引住我。大體上，每一龕中有一尊大佛像，其旁左右是小尊佛像群，順著石壁形態而設計景物及大小佛像。

導遊領著這批日本人，以日語解說石刻佛像，然後為了我們幾個人再以國語說一遍。其實宗教都是教人從善，釋迦牟尼成佛、講道、救世等故事，我從石雕像上看即可知悉。因之，我離開他們，獨自欣賞那石像的刻法，整座佛像群之布局，背面及左右側那些小尊佛像的搭配，才是我要看的目的。

小徒弟跟著，專心在拍攝她的錄影工作，也沒有在聽導遊講解。過後導遊對我說，一天時間太匆促，只能大體地走馬看花，要是好好地欣賞，必須幾天的工夫。

我在第十龕前拍了照，釋迦在中央的圓形蓮座坐著，兩旁弟子侍立。就以人物造型看，有唐代豐滿型，比那第一龕的衣冠完整的韋君靖，後面及左右的高官貴人和平民群之刻法顯得不同，到處刻有「極樂淨土」、「死別生離」、「輪迴往生」等佛家故事。

北壁的觀世音菩薩立像，兩手合十胸前，及南壁的大士觀音立像，上冠珠寶，手持蓮花，身著白衣，瓔帶飄起。滿身金箔彩畫，部分脫落，可想到當時之華麗。

第二四五龕的無壽佛經變相了，大概也是晚唐之作品，龕高四點三十米，內分上中下底層四部分，刻劃古代宮廷之權勢鬥爭，分十五組連作浮雕，其布局、人物，栩栩如生，極為精彩。

觀世音像最多，各種形態都不一樣，如第一三三龕，水月觀音像，第一八〇龕之十三觀音像，左右兩壁各六座，每座身高兩米。

第一五五龕為孔雀明王窟，大尊的孔雀背中，蓮花座，座上的明王，其背面及左右壁上的千座小佛像，每座都不一樣。

第二七三龕的千手觀音像，雙腳踏在雙蓮花上，各隻手都執拿法器。

在第一三六龕的金剛力士像，一系列金剛像，威武神采，表現十足。

一時看這麼多石刻佛像，是以前沒有過。到後面，卻沒有仔細地看了。那一三三龕的天王系列，雖然每尊都很生動，也只能用照相機拍了部分，回來再仔細地欣賞。第一七六龕的平民生活群浮雕，地獄變相中的養雞女，面容十分善良，手撫那自已養大的雞，非常生動。

看到最大的臥佛，釋迦牟尼涅槃像及其弟子像，臥佛全長三十一公尺，弟子群像是半身的。

洞窟中有兩處佛殿。最後，導遊領我們去廟裡，前殿與大雄寶殿，上面瓦片部分破落，未曾修理過，左右牆貼滿了日本人捐款紅紙條。我想可能是瓦片不修整，日本人才會捐更多的善款。

一位老和尚來請我們去客室奉茶，我們走到客室，和尚端來清茶。告訴我們說，臺灣星雲大師來過這裡，禪房中有他的放大照片。

導遊說，明天帶我們去看那十二層寶塔。可是，我們必須當天趕回重慶，明天上午要飛西安。

小徒弟想買一尊小石刻佛像，在上車前幾分鐘，我帶她去路邊石刻攤上去買，價格比買一尊磁的還要便宜。小徒弟很高興，小心翼翼地把佛像包好，外面用毛線衣纏住，放進包包裏。

此次大足之行，收穫最大。本來我想去敦煌、雲崗和龍門，而卻先跑到大足來，而那些地方就只好安排在下次大陸之行了。

七十九年八月二日中華副刊

澳東行

偶然有個機會，我匆匆地去澳洲。去澳洲原是在二十年前的夢想，現在的短促來回，沒能去看艾麗絲。

二十年前，瑞士小姐艾麗絲為了要完成《環遊世界》這本遊記，把她父母給的一筆結婚費用，先移作旅遊，待此書完成後再舉行婚禮。怎知那筆錢不夠她走幾個地方就用完了，年輕人不怕，錢用完了，當地找工作，賺了錢再繼續旅遊。因此兩年後才走到日本，在日本又得找工作，並與我們取得連絡，從日本來臺灣，在我們家住了二十一天，她在澳洲找到臨時工作，臨走時，我與貞婉送她上車。

「希望我在澳洲時，會再來臺灣，帶隻小袋鼠送給你們。」艾麗絲感激地說。

大概是澳洲風景不比瑞士差，艾麗絲留在澳洲許久，以後來信說已解除婚約另嫁一位皮革商人，每年都會寄些澳洲風景照片給我們，希望我們能去澳洲看她。大概是她旅遊之間受到了沒錢之苦，嫁個有錢的丈夫，房舍很雅緻，並為我們備有專室，等候我們光臨。

邦黛海灘

我曾去過法國南部蔚藍海岸，也去過美國邁阿蜜海灘，對海灘有極濃厚的興趣，到了雪梨先去邦黛海灘，澳洲現在是夏天，邦黛海灘也就熱鬧起來了。

靠沙灘馬路邊走，漫步走到石階，望著那各地來的不同人及其衣飾，想起了三年前在法國馬賽旅遊，接到巴黎王家煜、羅鍾皖電話，說他們就要動身到蒙洞去度假，在蒙洞小鎮租了幢小屋，約好我們在南部之便到蒙洞玩一兩天，他們要陪我們一起去尼斯夏卡爾美術館。

從馬賽到蒙洞只要一小時許，羅鍾皖來火車站接，她說：「這裡一帶是法國著名的蔚藍海岸線上，各地來這裡度假人潮擁擠，海灘上盡是上裸或全裸的人，臺灣來的土包子不要嚇壞了！」

「不會的，只要你們不與他們一樣就行。」我開玩笑地說。

「東方人都穿泳裝，比較保守。」

到了海灘去找王家煜，他坐在陽傘下喝咖啡。這沙灘上盡是五花十色的陽傘，大部分人是裸著曬太陽，或是弄潮玩水。

在雪梨邦黛海灘上，沒有全裸或上裸的女人，這裡不只是澳洲人，外地來的居多，有一位美麗的小姐，泳罷步上沙灘，在沖水處沖過之後在椅子上曬太陽，她那三點式裸露了美麗的胴體，引起了大家的好奇，先是一對黑人夫婦要求與她拍照，她很大方地答應，以後許多人來與她拍照都沒有被拒絕，雖然好煩，她樂意接受，顯示一下她美好的胴體。

邦黛海灘很美，蔚藍天空接著藍色大海，海波在陽光下，閃耀著粼粼銀光，陣陣白浪沖上黃色沙灘。沙灘上紅綠白陽傘，泳人的衣著，海灘就這樣地活潑起來。

海風掠過，感到一陣涼爽，在我的墨鏡下，眼看那些各地來的不同體膚和服飾，雖是泳裝，仍有不同風格。

太陽西下，海面一片金黃色，弄潮人兒將在這美景中離去。

雪梨歌劇院

在飛機中從窗口俯視大地，看到那像帆船樣子的歌劇院，知道雪梨到了。以建築象徵看，歌劇院可代表了雪梨，如同倫敦的大鐘塔、巴黎的鐵塔。

我與貞婉常去歐洲，總喜歡在各地歌劇院看場歌舞或戲劇。如在愛爾蘭看葉慈的「凱瑟琳女伯爵」，倫敦看契訶夫的「櫻桃園」，威爾斯看華格納歌劇，慕尼黑看俄國歌舞，莎翁故鄉的莎士比亞劇場看「王子復仇記」。唯有去巴黎，老是遇到休演期。

雪梨歌劇院位在雪梨海港邊的貝尼隆海峽，佔地有四畝半，一九七三年完成。名建築師鄔純所設計，在歌劇院廣場的一座設計說明，以一圓形切其三分之一，再切二分之一，再取二分之一切成二分之一，把這大小立起來為設計大樣，主要的特徵是幾個硯形屋頂向前後張開，建造風格別致。

觀察這建築物，壁面是空的，連同地板都是水泥板一塊塊地栓住，據說是防水患，建築師用盡腦汁，建造這座歌劇院，而在這廣大廣場都能有妥善之安排，沒有任何的藝術雕刻，也不需要，因為本身就是一座景觀雕塑，既宏偉又精緻。

又是遇上休演期，廣場外有許多私人演歌，圍滿了觀眾。

一位雪梨學生告訴我，內部有好幾個演出場地，將有演出，要通知我，為我先訂座位。我不是歌劇狂，不會為了看場歌劇而特地去一趟雪梨的。

無尾熊、袋鼠、鴕鳥

無尾熊、袋鼠、鴕鳥這三種稀有動物是澳洲的珍奇動物。除鴕鳥外，其他兩種都是初次看到的。

從雪梨開車去藍山公園途中，參觀了野生動物園，我首次看到無尾熊，與同我往大陸遊覽時看到熊貓一樣懶懶地，幾小時難得動一下。無尾熊把頭擱在那棵尤加里樹叉枝椏上，四腳抱著樹身，久久不動，觀眾用盡方法，要讓牠動一動，但牠卻無動於衷，連眼睛也不眨一眼，好像一隻假的。觀眾攝影機對準牠拍照，可能牠想：「你們這些無聊的人，我才懶得理你。」在五號圍欄內，一隻訓練好的無尾熊，可供遊客抱著拍照，我看牠好不情願，無可奈何的樣子。

無尾熊體型小，身體矮胖，身長只有六十公分，體重約五公斤，毛軟而厚，上身呈灰色混著褐色，白的毛。頭較大，耳朵長滿茸毛，小眼睛而有像熊一樣的黑鼻子。專在樹上生活，樹上行動非常靈活，在地上走搖搖晃晃地。牠不築自己的巢穴，白天睡在樹椏上，晚上摘食尤加里樹葉。是一種令人喜愛的動物。

第八號圍欄內看到袋鼠，頭小耳大，前肢短小，後肢發達，腹部一袋囊，可在此餵子食物，尾巴長，樣子蠻可愛，牠比較活潑。在三十四號欄區，供行走的袋鼠區，參觀者可以取小盤子裝食料去餵袋鼠，小孩們逗著牠玩，不會受到傷害，一隻袋鼠間有隻小袋鼠的袋鼠媽媽，為保護小袋鼠，不要讓人靠近。我追逐一隻較年少的，牠在青草坡上停下來，讓我撫摸牠的頭頸部，十分溫馴地轉過頭來食飼料。因為這些地區的袋鼠經常與人接觸，接受觀光客的餵食，也就不再會有恐懼感了。

鴕鳥的出現，算是比較熟悉些，至少有見過好幾次。牠頭小頸長，大身子，兩翅膀有些退化，不能作遠飛行，粗獷的腳趾頭，適於速度行走。我特別喜歡牠的頭，寬闊的嘴，烏亮的眼睛，好像有感情的，無論餵食或是逗牠，牠會發出「咯吱咯吱」聲音，不知是感謝或是怨言。

澳洲首都坎培拉國會大廈有一座標誌，象徵澳洲的立國精神，其中以袋鼠與鴕鳥為圖案，兩種珍奇動物，代表了民族性。我看澳洲人的性情溫和，守法。我在雪梨熱鬧商業區，半天難得聽到汽車喇叭聲，行人沒有急躁與緊張之心情。

險峻探奇剎那間

藍山國家公園有被稱為澳洲大峽谷的詹姆斯峽谷，三姐妹岩，可搭乘最斜的鍊鐵車，深入坡五十三度的谷底。另一種方式試探山谷的，是坐纜車往空中俯視山谷。我們選擇乘鍊鐵車，車長三十公尺，每排四個座位。下去與上來都必經一處樹葉與芒草蔭蔽的陰暗地方，膽小的人會嚇得叫出聲來，好在時間極為短促，下去八分鐘，在谷底十分鐘，觀覽谷間景物，然後上來八分鐘。我看谷底層與美國大峽谷不同的是生長了綠色植物，僅有一處岩崖，還有人敢爬上岩崖頂端舉手歡呼。

乘鍊鐵車只要腳踏穩，手握座前鐵管，不致會有危險的。記得我在瑞士上少女峰觀雪，搭火車從山洞上到山頂，洞內到頂下火車，先在唯一的一家飯店，喝伏特加酒，吃烤鹿肉。然後走出洞口，零下二十度，山都是白皚皚的，一片雪白世界。今天鍊鐵車坡度比少女峰高，雖然片刻探奇，在記憶中卻是久久難忘。

公園式城市——坎培拉

車開往坎培拉，登上安列斯山坡鳥瞰坎培拉市，它給人印象是整齊清潔，房屋在綠樹中，具有規劃的公園式城市，國會大廈是中心，後端小坡地區為各國大使館區，有各國不同風貌建築的使館。車子在區域繞了圈，然後開到國會大廈地下停車場。我們參觀國會大廈，大廈僅是三層樓建築，都用宏偉的方柱構成縱橫的獨特建築。內部除了許多議事廳外，許多展示室，外面廣闊之廣場，以青草地、噴水池也是特殊設計，使人感覺格外的清新。

從大廈前面大道行走，圖書館與歌劇院都在這附近。我們參觀戰爭紀念館（我們稱忠烈祠），紀念建國歷來為戰爭陣亡的將士，進門一道水池直到正堂，正堂圓形，中為墳墓，兩邊有空、海軍人大理石雕像。正堂處左右兩側，整齊走廊，牆壁間銅刻陣亡將士的姓名，親友如果來憑弔，可在名字前插上一朵小紅花，以表追思之意。

市區公司行號商店，仍是分區規劃，綠樹、花草、庭院配合了房屋的建造，馬路上車子來往，沒有市井間熙熙攘攘囂然之感覺。

夜宿飯店僅是二層樓房，配合美麗之園庭，清晨在鳥鳴聲中起床，散步在庭園中，花叢、綠樹、花香、鳥唱，讓外出旅者格外溫馨。

陽光城市——布里斯班

來到這陽光城市，穿短袖襯衫，擦防曬油，墨鏡、寬邊帽子都用上了。

布里斯班是澳洲第三大城市。我們在市政廣場下車，附近即文化中心點，一幢大廈，右邊是博物館，左邊是國家畫廊。左側一幢大廈是圖書館，右側一幢大廈是歌劇院。

我們同往伙伴，自博物館進口，畫廊出來，短短的半天時間，走馬看花，大體上知道一些澳洲人建國以來的發拓與搜藏，盡了最大力量。一七八八年英國首批探險家抵達澳洲時，聲稱「這是一塊無人之地。」其實早在英國殖民之先，就有人類活動於此，自中國、婆羅洲、蘇門答臘、爪哇等地有人移居，構成「原住民」，由於不同語言、文化、宗教，一直到近數十年來，澳洲學者才開始反省澳洲政府對土著政策錯誤，重新探索原住民未經文字記載的歷史文化藝術之特色。

博物館大廈上下三層，由史前生物、巨獸骨骼、標本、民俗文物、海洋生物、機械器具的發展，分門別類，一一標誌說明，十分完善。

從博物館走進畫廊，一大廳及五展示室，大概觀覽了。過去兩百年，澳洲人總認為自己是英國的一部分，近二十年來，澳洲藝術家才感到文化與精神獨立的重要性，積極尋找自我。在入口的二三展示室，展出現代澳洲藝術家的作品，後一二展示室才是英國藝術家及荷蘭畫派作品。

澳洲當代畫家其中洛弗・湯瑪士的「布郎徹鄉」系列，露絲・華勒的「受脅迫的獸掌」，目前在臺北市美術館的「澳洲當代藝術展」展出。

晚上，我們六位伙伴散步在布里斯班河畔，欣賞河邊夜景，河畔整齊的燈光加上市面高樓大廈燈光的倒影，布里斯班河是多麼美啊！

有人稱讚市內公共設施的工程，感慨地說：澳洲人能，我們中國人就不能嗎？

沙灘上晨跑

黃金海岸有二十公里長，是澳洲風景最美的地方。

三十年前日本人看中了這地方，花了一筆金錢買下這一片土地，開發成觀光海岸，建造大型旅館，購置遊艇，整理海灘及一切設施，舉辦滑水表演等，在國際大肆宣傳，為度假最好地方，因此構成了現在的黃金海岸。據說此地的股權百分之七十在日本人手上。

海岸邊三十層大廈林立，由於氣候適宜，引進大批人來此度假，度假的人，遊艇、帆船、滑水、游泳、沙灘玩樂、曬太陽等活動。

我們在這裡只有一天一夜時間，白天走過沙灘，人多。我們約定明晨到海灘來。住的飯店離海岸近，一早起床，穿背心短褲，光著腳走到海岸，雖是天剛亮，沙灘的工作人員已經在操作了。有的用儀器測量取金屬物，貝殼及小石子。有的駛鬆沙機，把沙灘的沙翻鬆。因之，海灘除了海浪，黃沙外，沒有雜物。

我在沙灘跑了三千公尺，看著腳印在沙灘上，浪花上來，腳印被洗平，步步腳印，時時洗平。沙灘是這麼乾淨。

在沙灘晨跑比較吃力，沙地軟，腳步往前時會滑退些，三千公尺跑得一身大汗。人慢慢地多了，晨跑的、弄潮的、游泳的、滑水的人都來了。黃金海岸又是一天活動的開始。

鳥的天堂

一大片小坡地，一片叢林，一間飲食店，露天茶座，一塊小平地，設有像兒童樂園的高空圓鐵輪，青草地之間有磚石小道路，兩部小火車繞著小山岡跑，這就是嘉林濱鳥園，全部是天然的，沒有被關在鐵籠內的鳥。在這裡的鳥類不知有多少，幾百種的鳥，都在叢林內，天空飛，地上走的。

我們購票入場，步行至小火車站，地上一群烏鴉在草地上覓食，許多似鴨子樣的鳥，搖搖擺擺地在人行道行走，自由自在地，沒有人會傷害牠們。

小火車沒有車廂，只是兩人一排座位，連接到二三十公尺長，汽笛響，小火車開動，搖晃不定地向前走。有人把飼料（碎玉米）投在道路旁草地上，火車過去，鳥兒自樹上飛下來啄食，火車過一池畔，看到水池中有水鴨，白鷺之類的鳥，池畔古松下的鶴。小火車途中設有許多小站，乘客可以隨時下來玩，待下班車再上。

嘉林濱不只是鳥園，也是植物園，許多我未曾看過的植物。

我們繞了一大圈，回到那小廣場，一大群人手拿著盤子放了飼料，準備餵鳥。鳥在那裡？在叢林樹上，空中。一陣沒有節奏的音響，播出去，不到三分鐘，滿天都是鳥，那鐵輪慢慢轉動，鳥歇在輪上，轉到人的盤上啄食，有鳥就站在人的頭上或手臂上。分不出那一類的鳥，羽毛顏色鮮豔的鸚鵡，比較容易認的。

啊，真是鳥的天堂。

凱悅軒餐廳

從布里斯班去黃金海岸途中，有一家中國餐館：凱悅軒，給我印象最深。

外出旅遊的臺灣客，旅遊社都安排住五星級飯店，吃最好的餐館。我們來澳洲幾天，吃了不少中國餐館，都是大魚大肉的吃，總會想到換一些清淡的。澳洲的中國餐館，每家一樣，先上碗清湯，然後肉、魚、雞等，讓填飽了肚子。每當進餐館，坐定位子後，一下子菜都端上桌，像是煮好等候了許久，不會使人覺得菜之美味，不甜不鹹，不酸不辣，全都一樣。

凱悅軒的菜，就比較可口，菜仍是雞鴨魚肉，總能分別出來是甜是鹹。這或許與室內佈置和陳設有關。在外國開中國館子，總想要布置中國式，如皇宮，大紅色配上金龍，宮燈等等來引誘外國客人。凱悅軒卻不然。

這幢獨建在郊區的房子，室內的雅，沒有特別強調中國色彩，僅是壁間的幾幅中國字畫而已。與室外的美好景色，讓坐下用餐的人感到舒適，胃口也會好些。

先來杯熱茶，或是開胃酒，然後上菜，每道菜都是熱騰騰的，後有水果甜點。用完餐之後，可以在走廊走動，欣賞一下四方景色，輕鬆一下旅途之辛苦。

八十三年一月二十八日臺灣副刊

輯五：生活藝談

民俗村

春節剛過，臺灣省新聞處舉辦中部藝文界聯誼會，其中節目：參觀臺灣民俗村之活動。因為時間關係，僅有二、三小時，走馬看花地在民俗村走了一圈。

臺灣民俗村是近年才開放的旅遊的地方，位在彰化縣花壇鄉，係私人投資興建，全村構想為彰化城懷古及二大系列：建築及技藝。這座宏偉的彰化古城樓象徵臺灣開拓史上一段滄桑，煥然一新地出現在遊客眼前。民俗建築系列，選了數處臺灣代表性的建築仿造，如慶豐門城樓，仿古彰化城西門城樓而建，為清代臺灣最雄偉的城樓之一；麻豆古厝，係麻豆林家，林家共有七座大厝，這裡的是林家五房所有，捐贈本村復建，一座二進式四合院；鹿港不見天街為鹿港土城口至天后宮，長約一公里半，稱五福街，是清代臺灣最長的商業街，民國二十三年市區拓寬馬路，被拆毀。這裡依不見天及九曲巷原貌仿建，內有隘門、慕仁巷，均為鹿港有名古蹟；臨濮堂為鹿港古厝拆遷而建；北埔客家莊，仿照新竹北埔客家莊天水堂而建；澎湖蔡進士第，用澎湖的硓砧石仿進士第而建造的，其他山地各部落房舍，景山吊橋為山地部落吊橋之一，雲霄寶殿大型廟宇正在興建尚未完成等等。民俗技藝，使人回憶臺灣古代風情，如土坅厝、竹管厝及石塊厝，加以當時技藝，棉被店（江夏堂）、麵線店（益壽堂）、打鐵店（金利號）、製紙廠（薛濤莊）、製香間（施金玉香舖）、竹藝間（翠竹軒）、製茶間（陸羽居）、釀酒間（太白居）、醬油間（甘露坊）、及榨油、製糖等等。

大體說，臺灣民俗村之構想還不錯，賣店太多了些，尤其是在村內設現代遊樂場，似乎有些不調和之感。關於許多仿建的，除了拆原屋來再建，仿造的，有走了樣，以一般遊客只要求「大體樣子」不錯就行，「氣氛」比「熟實」為重要些。想起二十年前，電影名片「鐘樓怪人」的拍製，以法國雨果名著《巴黎聖母院》改編，戲的重點都在聖母院，電影公司欲借用聖母院，天主教以聖堂重地不給拍戲。電影公司只好仿建一座聖母院，雖然花了巨大金錢，聖母院仍是一座粗獷的型，卻無法仿造那些精細的藝術雕刻。大體樣子仿造成功，氣氛有了，不影響戲的發展，因之「鐘樓怪人」成功了。前三年，我與貞婉等人去大陸哈爾濱過年，也去過長春，參觀長春攝影廠，該廠拍製「末代皇帝」得獎而成名，廠長陪我們參觀拍戲用的部分北平紫禁城宮殿，仿造得十分像，也沒有北平宮殿精緻，這是一定的。我們觀看民俗村仿造建築，不必過分的挑剔。

兩年前，我們去美國探親，在波士頓去看丁立人，他在那裡當醫生多年，凡是有親朋到波士頓來，總是抽空一天，帶去參觀普利茅斯民俗村，從波士頓開車去，要三小時時間。普利茅斯地方是兩百年前英國五月花號帆船帶來首批移民在此登陸，在這裡開拓、發展，這村內保持有那時候的建築，小教堂，守望臺，各式不同住宅，圍牆，鋸木場，小市集，麥田與玉米田，菜園與花圃。最特色的是這裡村落的居民也穿著當時的服飾，與歐洲十八世紀服裝一樣，屋內的家具碗盤也是當時樣式。連居民的語言也是當時的口音。要是有遊客問他們一些現代科學，他們不懂。若談到當時歷史，他們最清楚。靠海岸的「五月花」號帆船，也供遊客上船參觀，一切都是歷史重新出現在遊客眼前。

在英國時，我也參觀過最大的威爾斯民俗村，威爾斯大學教授瑪麗安女士陪我們去的。整整一天時間，上午由入口道路走，途中有各地不同的古代住宅、商店、驛站、關稅卡、工廠、牧場、露天劇場、教堂，我們按著指標走了整個山坡，最後到了民俗博物館，我們在館內餐廳午餐，然後參觀博物館的民俗品，也就是威爾斯一切的發展史料，分門別類的，可以說是最完善民俗館，整體看也是最完整的民俗村。

英國人崇尚自然，一切喜歡原來本色，厭惡把東西漆得太鮮豔，大紅大綠使他們害怕。一次英國倫敦大學哈姆生教授來我們家作客，我們陪他去高雄，去過澄清湖，他對澄清湖人工改建破壞了自然美，他批評說：「這是最醜陋的地方！」

東方人除了日本、韓國人外，大多喜愛鮮豔的顏色。臺灣民俗館是新建造的，色彩鮮麗，讓其過些時期，顏色舊了，讓其返回古意，會更好些。

八十三年三月七日臺灣副刊

藏書票的藝術觀

版畫課，我常教學生把版畫應用在生活上，如一些展覽海報，或是賀年卡、耶誕卡、生日卡等，甚至於火柴盒之類的東西，盡可用簡明平面圖案之製作。近來班上同學有人在製作藏書票，迅速展開了他們對藏書票的興趣。

關於藏書票，有些人還不瞭解它是什麼？其原因為少看到。中國人習慣用篆刻印章，蓋在新購置的書之首頁或扉頁，表示這本書是屬於某某人的。外國人卻愛用自己設計的小版畫為自己的藏書票作為藏書標誌，黏貼在書的扉頁或首頁來表明這本書是什麼齋珍藏，或是什麼人曾讀、藏書。這小圖案以五公分最適宜。一般藏書票為國際性之活動，經常註明EX-LIBRIS字樣，最早法國人用法文、拉丁文，原意是「於以藏之」。

藏書票起源於文藝復興時期，十五世紀德國就流行，很快地發展到歐美各地。在亞洲最早是日本，十九世紀就有藏書票，現在已成為最流行的地區之一，我國較遲，本世紀中葉由日本傳入，八〇年代藏書票才在各地展開。一九八四年北京成立了中國版畫藏書票研究學會，盡力推展，第二年擴展至香港及臺灣、星馬地區。

我的少年時代，喜歡集郵，迷上了郵票圖樣之美，什麼樣的郵票都集。也集過火柴盒，這玩意真叫人浪費時間及精力，後來兩樣都停止了。近年來，有人勸我集藏書票，又使我心動。原因是在北屯家的書房數千冊藏書都尚未為它們刻過藏書印章，也還沒有為它們設計藏書票。一次，鄭善禧兄來訪，在書房泡茶聊天，下午太陽曬進來，善禧兄為書房取個名稱為「西照書室」，要我自己設計一枚藏書票。後來，我搬家了，書房不西曬了，但是名稱沒有了，藏書票也就擱置下來。

藏書票之設計，因地區不同，風格互異。大體看來，西方多以黑白為主，作風工整細緻，以裸女為圖案，加上箴言警句為多。而東方以我國與日本，卻重視彩色印製，富有民族性與地方特色。設計時考慮到畫面小，適用簡潔的裝飾圖案，東方人多用木刻版畫，單色或套色都有，新穎美麗，給人予愛書讀書之好習慣，增添一些情趣，更可發展高尚情操。

在藝術觀點看，藏書票譽稱為「紙上寶石」，是迷你袖珍版畫作品。我國水墨畫大師常有即興而作的精品，藏書票之設計，多取於愛書人性格而繪製，如愛書性好靜，即以山居為圖，愛好動物者即以鳥獸為圖，愛好古玩者即以古瓶為圖。藝術家精心之作，藏書票為畫中珍品，如同名家小品精作。如果愛書人本身不善繪畫，可以委託畫家刻製。日本木刻版畫名家棟方志功曾經為許多愛書人刻製許多藏書票。藏書人鈴木曾委託井上勝江及齋藤清刻製藏書票的。大陸郵票設計家劉碩仁曾為吳祖光、趙樸初設計過藏書票，陳稚丹為姚雪垠設計過藏書票，王疊泉為池上正治設計過藏書票的。

但我，希望能為自己設計一枚適於自己的藏書票。（本文部分資料，參閱梅創基著「紙上寶石」）

八十三年四月七日臺灣副刊

一九六八的舊卡片

無意中在舊物抽屜中找到一九六八年一批風景卡片，這批卡片是以前鄰居一位美國大兵太太雪麗所贈與的。我想起了二、三十年前的一些舊事。好巧，一位殘障女士來訪，問及雪麗阿姨的事。她就是一九六八年故事的焦點人物，舊事重現，感觸良多。

一九六八年，美籍神父李希孟，他是當時美軍駐臺中的司鐸，介紹我家鄰近一間小屋給美軍丹尼・鍾士夫婦居住。丹尼・鍾士是美通訊部隊上士，在臺一年後申請接太太雪麗來臺，雪麗年輕，大學心理系三年級學生，來臺後安排在我們家鄰近，因為丹尼・鍾士每週三天要到南投名間山上通訊處值班，雪麗常在先生值班時，在我們家，她與貞婉能談得很投洽，經常是先生上班，飯也不煮了，在我們家便餐，她也常送給我們一些小禮物，那時候，臺灣一切物資還不太充裕，她在美軍物品供應處購買些巧克力或果汁之類的東西送給我們。有時，也為我們買些美國日用品，以酬謝在我們家用餐。

一次，貞婉陪雪麗在小街散步，在米店看到一位十歲小女孩下肢癱瘓，殘爬在地上，十分可憐，觸感她之愛心。為了這殘障小女孩，她跑到美軍醫院找外科大夫談妥，然後在美軍發薪日，她背著一塊牌，書寫：「請你少喝一杯酒，捐些錢救助一位中國殘障小女孩醫藥費。謝謝。」站在俱樂部門口，碰到有大兵進入，就鞠躬要錢。果然不錯，一晚上就捐到三千多臺幣，夠付開刀手術費用了。有一天，她與貞婉去找那小女孩父親談要幫助她開刀治療，沒想到這位不開明的父親拒絕了，他說：「人的一生由天註定，她的殘障是天對她的懲罰，她該一生在地上爬。」

「外科大夫可以減輕她受罪，至少讓她能站起來。」貞婉勸他。

「人若違反天理，就不能活，請你倆不要再害她。」

沒有用，他非常頑固，不行就是不行，這位好心的女士，敗興而歸，雪麗仍不死心，她與美軍醫院外科大夫商討手術時間之後，又商借一輛小吉普車，在附近等候，那小女孩父親不在時，把小女孩抱上車，直送醫院，與貞婉守在醫院，她父親聞知後去過醫院兩次，欲把小女孩抱回去，都被美軍阻止。

小女孩手術之後兩週，才出院，雪麗把小女孩送回家之後，常常帶奶粉去探望，小女孩的父親從不感謝她，認為她多管閒事。而雪麗為了完成一件善事，心裡感到萬分快樂。

一年之後，一九六九年十月，丹尼・鍾士調回美國，臨走時，把一批華盛頓州居民寄給丹尼・鍾士的慰問卡片留贈給我，說卡片風景是華盛頓州的美景，希望我們能去美國找他們。

時間一隔將近三十年，小女孩也長大成人了，雖然走路拐腳，行動不便，總算能自在地工作，她奮鬥力量強，國小國中之後，學習打字，工作認真，不辭辛勞，已在某機構覓得一打字員工作，自己也認知，能夠有今天，得感謝雪麗阿姨當時的救助，心心念念之中，跑來找我打聽雪麗消息，想能寄點禮物去美國給她。

雪麗尚有連絡，經營房地產生意，忙忙碌碌，沒有再來臺灣。由於愛心溫暖，小女孩已成人，還記得她的恩惠，雪麗十分喜悅。

今天，我翻閱一九六八年丹尼・鍾士的卡片，每張卡片都存一份鄉人對駐外軍人的思念與鼓舞，其中有老嫗、退役軍人、在學青年等，仔細閱讀過後，有幾張寫得比較特別的，如一位退役軍人：

親愛的丹尼・鍾士，我是老兵不死，今年八十六歲，曾經在韓國四年之久，一生戎馬生涯，只有駐外的那段時間，最值得懷念，希望你珍重，我為你祝福。

——雷昂・詹姆斯

一位像是小姐寫：

親愛的朋友，我最愛交朋友，希望我們能成好朋友，祝福。

——芙蓉・蕾絲

一張像似小孩寫：

我家的珍尼（狗），生了兩隻小珍尼，我好高興，寫卡片給你，讓你也高興。

——伯尼・布雷爾

像是一位老太太寫：

親愛的丹尼・鍾士，近來下雪，眼看就要耶誕節了，街上聖誕樹點亮，你駐臺灣，應該多多幫助那裡的窮苦人家，讓他們也能過個快樂的耶誕節。

——雪維雅・莎福

一位不寫什麼的：

空白就是祝福。

——雪納多・亞倫

另一位只簽名：

雪維雅·莎福

一、二十張卡片，帶給我一些回憶，也將永久存在記憶中，卡片不再保留。

八十三年四月二十一日臺灣副刊

搬家・搬書記

三月七日臺副有一篇〈這一家人真討厭，書這麼多〉的文章，讀後頗有感觸。我也是個愛書人，近來搬家，感到頭痛的是搬書，好在不是三兩天搬完，而是分為好幾次搬的，不是請「搬家公司」搬的，而是由朋友的小貨車自己搬的。

我怕搬家，所以在三十年前就自建一幢小屋居住，屋是自己設計，書房二十六坪，比畫室十坪要大，因此，書越買越多。自小，我就愛書，初中時就愛買書藏書。臺灣光復初，我來臺灣，卻攜帶了一部巴金主編的「世界名著譯叢」，書比帶的衣物畫具還重，以後，部分書燬掉，部分書借給一家出版社翻版重印，如《戰爭與和平》、《基度山恩仇記》、《安娜・卡列尼娜》、《虎魄》、《娜娜》、《包法利夫人》等。書翻印出來，出版社給我十部書。那時，我住斗室，大有書患之苦，凡是我朋友，不管他看不看書，都送他一部，自己僅留一部。那是民國四十三年到五十年的事，後來搬過幾次家，書也大量失散，為了搬家書之失落，未免會心痛。到了臺中之後，決定住下來，就買地建屋，為了保存這些書。

我家書房藏書，大多是我與貞婉所須用的文學與藝術之類的。以前每次去歐洲回來，總有許多書，書越買越多，二十六坪書房也就不夠用了。

去年，買了一幢新居，把住了三十年的舊家賣掉，新屋還未蓋好，舊家賣了，必須先搬到鄉下去，然後從鄉下再搬回城裡新家，整整花一年時間。決定搬家時，我先準備許多紙箱，逐步把書房的畫冊整理，成套裝入紙箱，編好號碼，註明書類名稱，文學的也是同樣編號註明，以免以後難找。雜誌及許多畫報，全都放棄了，送給學生。這樣，裝了兩百九十八箱，聽人家說：不搬家不知道自己財產多。這些書，原想為它租間房子暫放。後來，友人蔣先生願借間空屋安放，把客廳給這兩百九十八箱書塞得滿滿地。

新屋裝潢妥善，先把書搬進來，以地下層車庫四邊壁上都裝上書架及書櫥，連同書室間之壁上架子與櫥，容納這些書。

書分三批搬進，我忙碌著把紙箱打開，把書搬上架，足足忙了幾天，學生（美術系三年級一女生）來幫忙，搬上搬下忙了一整天，第二天她腰酸背痛，不來了。也許我是自己興致好，而忘了自己腰酸背痛，一連工作好幾天，才休息，才腰酸背痛。

貞婉書房在四樓，必須爬上六十八階樓梯，學生再度來幫忙，把四樓書房裝滿之後，再上五樓休閒間裝放一部分。

書，到底有多少，沒有去計算。中文書及外文書各半。外文書以英、日文為多，法文與其他的少數。畫冊佔三分之一，巨本精裝的不少，其中以日本講談社出版之「中國美術」之繪畫，銅玉器、雕塑三大本為貴，因為該書僅發行三千冊，每冊以一萬三千元臺幣買到。其他如世界美術博物館全集、世界名家雕塑全集、世界陶瓷大系、西洋名家畫集等等。文學方面，古典名著及現代，都是我們極喜愛的。

大體把書安置完善，其他搬家雜事就輕鬆多了。家具、衣物、廚房用具及碗盤等等，自己用小車搬運，不請搬家公司是害怕被損壞。辛苦了一陣子，終於安定下來。每當我坐在書房看書時，總會想到，這些被人認為不值錢的書，卻是我畢生之所好，自感滿足，人生還能想得到什麼?讀書最快樂。

八十三年三月十八日臺灣副刊

仲夏夜之夢

搬進「海德堡」

德國有個地方叫海德堡，拍攝電影「學生王子」而聞名世界。英國倫敦有海德公園，為英國人民可以公開評罵政府的一個地方。臺灣建築業，挖盡心思，取個響亮的名字為這幢建築物的名稱，以促銷房子，也有海德堡。

我在海德堡訂了一間房子，這消息不知怎麼會傳出去，有一天，一位王姓女畫家駛車來訪，很誠懇地邀請我與貞婉一起去一家大餐館吃飯，在用餐時，她說：

「你們將要搬去海德堡，我的大孩子在海德堡留學，明年我要去德國看小孩，可借住你家？」

「我的『海德堡』是臺中建築物的名稱，而不是德國的海德堡。」我覺得好笑。

女畫家很失望，我打趣地說：

「明天中午我請你在這裡便餐，以後我如移民去德國，一定在海德堡。」

一年後，我搬進海德堡，只有通知朋友，住址更改，沒有請客，搬家原是私人小事，不便驚動親友，唯有女畫家王女士，我邀請過她來家便餐，她沒有來。一次，在朋友畫展酒會碰見她。

「我去過德國海德堡，那麼大的古堡，內有世界最大的啤酒桶。以後我想喝啤酒就去你海德堡喝。」她高興地說。

「好呀，我家的大啤酒瓶，夠你喝的。」我說。

鳳凰花季

大度山的鳳凰花開得特別早，已經染紅了樹梢。東海校園有兩度花季，是鳳凰木與羊蹄夾。每年都會把校園染畫出多彩多姿，美麗而活潑。

鳳凰花開的季節，校園中一片豔紅，一些麻雀在花簇下吱吱喳喳地飛舞著，花瓣掉落，青草地上染紅了，負責勞動的同學，小心地掃去那掉落的花瓣，掃了又掉，掉了再掃，並沒有人建議砍去鳳凰樹，也沒有人嫌惡清掃花瓣是麻煩、辛苦的工作。

每年鳳凰花節，學校歡送一批畢業同學，又將招一批新同學進來，這樣繼往開來的學府，鳳凰花季，驪歌歡唱的時候。

村長伯生日宴

村長伯掛了幾通電話，邀請我們去他家晚餐，問他幹麼要請客，他說吃拜拜。他請吃拜拜，歷來村上拜拜都是在舊曆過年初四，每年一度大拜拜，在這時候，我們常常去吃拜拜。

村長伯在年輕時候，日本徵召去當兵，派到南洋外島，生了一場重病。那時候岳父被徵去當軍醫，把他治好病後，調回臺灣，村長伯對岳父救命之恩銘記在心，臺灣光復之後，實施三七五減租，村長伯由佃農變為自耕農，艱苦耕作，終於成為現在一位富有之農家。

在他極希望我們能去他家晚餐之時，貞婉不在家，由秀慧開車前往。到了東寶村，才知道村長伯七十壽誕大請客，席開二十桌，親友們聚集一起，歡樂融融。

我曾經參加過村長伯六十歲生日宴，時光匆匆，今天又參加他的七十壽宴，心裡無限感觸，這些年來，眼看臺灣經濟之發展，就村長伯來說，從一佃農而成為現在這麼現代化的富有農家。原有舊厝旁新建的三層樓房，客廳掛滿了牌匾，櫥架上的各種錦標，櫥間的洋酒及玩偶，表露出這政通人和的基層幹部。

酒席設在舊厝大庭內，除了廳堂壽屏及一些壽龜粿外，沒有祝壽儀式，酒席開始，村長伯夫婦、大兒子忙碌地穿梭各桌敬酒，一片歡樂聲，呈現出臺灣農村的繁榮。

村長伯七十歲了，身體十分健壯，銀絲髮，紅潤的臉，健壯的身體。看來，他是個有「福氣」的人，我套一句古語：祝他福如東海，壽比南山。

孕婦雕塑

青年雕塑家余燈銓在省立美術館展雕塑，作品其中百分之八十是孕婦雕像。一般雕塑家是不喜歡雕孕婦的，認為女人懷孕，肚子大大突出是件醜態，而余燈銓卻偏愛那大肚突出的女人，一個女人懷了小孩，會感到生命更為充實，她會有耐心、有希望，而充滿了生命活力，是女人最值得自滿的，也是最美麗的。

放置在展示室外的幾件大型作品，一件標題為「招弟」的，甚為動人，那位青年孕婦，叫著在那牆角玩的小女孩「招弟」，招弟也望著媽媽的突出大肚子，希望那肚子小孩出世是弟弟，為她招來的一個弟弟。

雕塑家做雕塑人像，經常是雇用模特兒，而一般模特兒很少是大肚子的孕婦，除非在家庭中尋找。余燈銓是謝棟樑的徒弟，在謝家工作室許久，學會了老師的寫實工夫，看那展示室第一號作品「孕婦立像」，是件上乘作品，曾獲得南瀛美展南瀛獎。朋友馬露，美國大陸石油公司工程師與夫人莉雅回臺灣度假，我陪他們參觀余燈銓雕塑展，馬露一眼看中了這座孕婦立像，有意收藏，他讚美說：「這孕婦有純真之美。」

馬露是工程師，對藝術品之鑑賞力極高，只要他特別喜愛的，都想收購，他對這座孕婦立像有一種說不出的愛，願意收藏。

余燈銓能作一般雕塑家不願作的作品，具有獨到眼光，他的前程是光明而遠大的。

八十三年六月十四日臺灣副刊

懷念三位加拿大修士

三十年前，我進衛道中學任教，認識了一批神父修士。那時候，天主教衛道會創辦衛道中學，教職員中有三分之一是外國神職人員。當時教職員不多，大家相處極為融洽，猶如一家人，三位加拿大修士給我印象最深。

年紀上了六十歲之後，人生漸入老境，常常會想起以往的事，懷念以往的人。這些年來，我常常想起衛道的神父修士。

范修士

范修士，加拿大人，早年曾到大陸東北創辦衛道中學，後又隨同周神父來臺灣創辦衛道中學，是一位熱愛中國的外國修士，一生都在中國工作，逝世在臺灣。

說到范修士的外表很獨特，身材高大，頭大而禿頭，大肚皮，腳步穩而快，說話聲音細小而吼起來像打雷，心地極為善良，許多校外人士及學生家長很敬重他，看到他就喊「范修士」，他代表了「衛道」，很得人緣。

外國人之間，他是位「中國通」，頗瞭解中國人之心理。學生家長家中有喜慶請客，范修士必被邀請，他都會到，並送上一份禮。他記憶力好，與家長談話，都能把學生在校中犯過錯或被嘉獎之事宜與家長溝通，所以他當了訓導主任，雖是「主任」，仍然掌管校中大小雜事，如釘補被破壞的玻璃窗，清掃垃圾。訓育之事都由教官處理。

范修士喜歡養貓，在他臥房門下開個小洞，貓可自由出入，夜晚，有貓鑽進被窩裡與他同睡。有時，調皮的貓把他的臭襪子咬出門口來。白天，只要他吹口哨，貓們聞聲而趕來，這一群中，有黑貓、白貓、花貓，還有泰國貓，品種多，他說都是學生送他的。

范修士健康很不錯，除了進聖堂望彌撒穿道袍外，經常他穿短袖襯衫。

有一次，他回國度假返校，把我找去館子吃飯，請我為他製作一幅「五月花」號帆船的版面，印幾張給他，他要裝幾個框，送給他家的幾位姪兒，說他們已經忘了自己的祖先是自英國移民到加拿大來的，「五月花」帆船是首批移民來的帆船。

我正在找些有關「五月花」帆船資料，準備作一幅木刻版畫時，噩聞傳來：范修士暴斃，夜半得病送醫院，凌晨不治死亡。

范修士葬禮在衛道校內舉行，趕來參與安魂彌撒的人很多，除了中部神職人員外，校內教職員、學生，以及部分學生家長。大家痛惜這位終生為中國教育奉獻的修士逝世。

范修士死了，五月花號帆船版畫也不用作了。

博修士

博修士與范修士同在大陸東北辦過學校的衛道會修士，加拿大人，喜歡一些小機械修繕工作，及設計小圖案。教美術，主要作品是在學生宿舍休閒處，製作一間小型電動火車，火車從總站出發，經過村落、農田、橋樑、山洞、城市、工廠等處而回到車站。雙線道，可兩三車走，過交流道，紅燈亮，一班叉道的車停住。記得那時候省主席黃杰等一批省府官員來校參觀，對這間小火車模型極感興趣，當面交代交通處長設計臺灣火車繞行模型。

博修士體型矮小，沉默寡言，他除了教初一美術外，大部分工作是負責聖堂彌撒彈琴唱聖歌，及訓練學生輔祭等事。

沉靜孤寂的博修士，他不像其他外國修士那麼活潑，寂寞古板，專心奉侍天主，也就不寂寞了。

雷修士

學生稱他為「雷公」，體型胖，頭大眼睛圓圓地，有些像神話中的雷神，他是外國修士中最活潑的。加拿大籍，但他常說是美國人。性情爽達，中國語說得很好，他有一間航空模型製作室，自己製作電動小飛機，曾參加過空軍舉辦飛機模型展得獎。課餘，學生跟他到體育場或市郊去玩飛機，那時候，臺灣用電遙控飛行的小飛機還是少見，大家非常好奇，引起了學生們的興趣，來跟他學製作小飛機模型，人多了，他把那間航空模型室改為航空俱樂部，要參加的學生，必須學業成績八十分以上者。

雷修士放飛機出名了，一次，臺中空軍請他去表演，他帶了六位學生，三架電動小飛機，在表演時，其中一架遙控失靈，直飛山區去，後來登報尋找，發了百元獎金才找回來。

「好險，花了百元獎金才找回來。」雷修士高興地說

「百元，這麼貴?」我說。

「才不貴呢，製作一架小飛機，得花掉好幾百元材料費。」

小飛機數次公開表演後，好多校外青年也來參加俱樂部，據說得繳納會費。

雷修士花樣很多，會拉手風琴，也會變魔術。

一次在耶誕晚會上，雷修士上臺表演魔術，讓一位學生拆穿了，學生上臺變魔術，做得比他精彩，雷修士說：

「昨天他給我很多錢，我才教他的。」

一班將要畢業的學生在操場草地上開晚會，向雷修士捐些錢買糖果，還請他表演手風琴，他出場時說：

「我是大師級的手風琴手，原是人家給錢請的，而你們，是我給你們錢讓我來演奏的。你們說，怪不怪？」

「不怪，因為我們是你的好學生。」大家熱烈鼓掌。

雷修士回加拿大之後，沒有再來，學生極為懷念他。

八十三年三月二十八日臺灣副刊

親情、友情

我昏昏沉沉地躺在急診室內，醫生宣告我是藥毒感染，必須住院治療。

想起了這件事，總感覺到很窩囊的，在很突然地，沒有想會生病的時候，突然生病，而且病得很慘。

我一向重視生活健康，日常工作，營養，休息都能自己調配得順當。一天晚上，友人送我一大把荔枝，荔枝是我最愛吃的果子，青年時，可以一次吃一、二斤，現在年紀大了，稍有節制，不敢吃太多。第二天一早，有事去臺北，在車上感到吃荔枝上火氣，牙床一小塊，忽隱忽現地，怪怪，經過一整天的忙碌，卻忘了牙床的小塊硬痛。

貞婉要去逢甲上課，我搭她車，順便看一下那位學生開的牙科診所，看看牙齒。學生在日本得牙科博士，返國開業五、六年之久，前二年，我找他拔牙補牙，對他之行醫理念，無法同意。行醫為救世，不一定為錢，他堅持高學歷高收費，使一般患者不敢再進門，學識上是博士，還得有經驗，技術也是極重要的。

學生閒著讀報紙，看到我進門，迎上來，招呼我坐上手術座，檢視一下我的口腔，手指在牙床上按一下，轉身去把那套開刀用具端上來。

「怎樣？」我急著問。

「切開，」大夫說。

「有切開的必要嗎？」

「一定要切開，不然以後還會擴大。」大夫很堅決。

我只好讓他切開，先打麻醉針，然後切開，把一些血擠出來，再抹三次藥，叫我漱口，再噴三次鹽水，使傷口陣陣激痛，兩小時後，工作完畢。

照過鏡子，看到那發腫臉頰，激痛的牙床。

「你看，」我指著臉對大夫說：「本來不痛，也不腫，讓你這麼一弄，卻成為又痛又腫。」

「吃藥，吃過藥就會慢慢地好了。」

大夫給我三樣藥：止痛、消腫、消炎。叮嚀每六小時服用一次。

藥剛服用完，消腫、止痛、消炎都見效了。那天夜裡感到全身發燒，也發癢。貞婉發現我情況異常，就在凌晨三時送醫急診。

在急診室，經過抽血、尿水、大便檢驗等工作，我躺下，護士來打點滴，我只感十分疲憊，昏昏欲睡。把貞婉急壞了，她掛電話給妹妹，秀慧匆匆地趕到急診室，醫生宣告我為藥毒感染過敏性，必須住院治療。

我感到悶熱發癢之外，體外皮膚已呈紅點，後來慢慢變紫，變黑，醫生說藥毒現象，貞婉為我塗抹藥物，全身油膩膩地，看樣子，病況開始，必須住院，住院沒有床位，要等床位，貞婉掛電話給劉館長夫人，陳老師立即與劉館長一起趕到醫院，劉館長與醫院院長商得一床位。這時曾明男夫婦也趕來了，大夥兒從急診室推著病人到住院病房去。

雙人房，我住進去之後，才有一人來住，我昏昏地睡著，他們幾時離去，我不知道。體溫已降低，血壓也降低，病情已穩定下來。主治醫師高大夫，與貞婉談了許久，走後，我被送心臟室檢查，牙科檢查，外科檢查，一直到大半夜。貞婉為我洗去身上塗抹藥物，這一洗足足二小時。我感到清爽多了，也就昏沉地睡了。

醒來，看到媽與秀慧，過後，陳老師、羅玉芬、陳美伊送來的兩盆鬱金香，一盆紅玫瑰。這些花使這間小房間有些溫馨感覺，身上的病痛也舒服了許多。她們走後，僅有陳美伊留下來，她說要為我作一次禱告，看她虔誠地跪下，低頭合十禱告，低聲默念禱告辭，禱告完畢站起來說：「你會很快的好起來。」

醫院伙食太差，媽叫秀慧送些營養東西來。媽擔心我病了不能去德國，德國之行改延後一個月，不能不去。

晚上，楊小姐與懶小姐來，說是羅玉芬告訴她的，羅玉芬來，貞婉在她們來的時候，趕回家看看，順便帶些用品來。懶的荔枝園成熟了，不能去採荔枝。「還敢吃荔枝嗎？」「當然敢，不吃太多就是。」說話嘴唇乾烈，羅玉芬以棉花棒浸水，塗在嘴之四周，讓其潤濕。

十時之後，探訪病人的客人離去，病房恢復沉靜。

貞婉幫我洗澡，看到我滿身斑點，不覺得流淚，我打趣地說：世上的人種有白、有黃、有黑也有紅，要是有花的也不壞，蠻漂亮的。

「要不要帶照相機來拍一張留念？」

「不要。」

天亮，好不容易地熬過了第三天。七時半，護士來量體溫，血壓。十時，主治醫師高大夫來，察視我腿上的斑點，由紫變黑，他表示，病人身體將往復原途上走。問及伙食如何？沒有胃口，吃什麼東西都淡然無味。囑多多吃水果，多喝開水。

楊、懶送來一簍梨子，媽送的一簍「山竺」都未吃完，貞婉在醫院至為忙碌，一有空閒，就削水果，讓我多吃水果，多喝開水，以便把體內之藥毒清掉。

下午，周主任湘臺來病房，對我突然住進醫院大吃一驚。他翻閱病歷表，仔細地診察，病情逐漸轉好，勸我休息幾天。周大夫是該院心臟科主任，在公保門診是我高血壓之治療大夫，幾年來變為朋友，他能談文學、藝術，與我有幾年之交往。他走不久，由護士送來一大花籃，花是以強烈的向日葵及白紅的金針花。大概他想中外畫家都愛畫向日葵，才會送這樣的花。

胸前的腫消了，開始脫皮，貞婉指頭往那小白點拔去那小塊皮，我叫她設法拿隻金絲雀來，放在我胸上，讓牠啄食這小白點落皮。她說，等羅玉芬來，叫她去鳥店租一對金絲雀來。這話引起了隔壁病人的發笑。

由於護士叫不來，我將要發火了，貞婉勸我忍耐些，她們一值班，有忙不完的作業，對病人未免疏忽了。我想，這裡醫生不是好醫生，護士不是好護士，不如早點出院，拿藥在家調養，因之，我想回家，貞婉反對，她認為必須把體內毒素全部逼出來，才好回家。我以為待在醫院，我極不舒服，效果不一定會好，還是回家。再三地爭辯之後，還是退院。十時，主治醫生高大夫來，我告訴他要退院事，明天來看門診。他要我後天去公保門診找他。

下午二時辦完退院手續出院。回到離開五天的家，貞婉把花安置在客廳，讓我舒適地躺在沙發上。這時，我感覺全身無力、疲勞，閉眼就是昏沉沉地睡著，睡著又是突然驚醒，一連串的噩夢。

楊雲教授來看我，我還告訴他，明晨可以晨跑了。

是否能晨跑，自己沒有把握，雖然晨間四時我起床，試試這無力氣的身子能跑完四千公尺嗎？不行，只能一千公尺就回來了，已經比以往跑四千公尺較為氣喘，較為消耗體力。楊雲教授是個養身健康的人，他今天還會來看我，與我談養身之道。

陳美伊來，那把鮮紅的玫瑰，提昇了我不少活力。

貞婉上臺北去參加中央圖書館外國文學中譯國際會議，這裡由學生們陪我，吳淑珠為我做壽司，羅玉芬與同學們買便當來家吃，都不會感到不方便。

經過了一週在家調養，身上斑點逐漸變小而褪色。味覺也恢復了，想要吃的，都可吃了，一切病痛已經結束了。

我站在陽光下，深深地吸口氣，說：「無病最快樂。」

八十三年八月十二日臺灣副刊

三民叢刊書目

①邁向已開發國家	孫　震著
②經濟發展啟示錄	于宗先著
③中國文學講話	王更生著
④紅樓夢新解	潘重規著
⑤紅樓夢新辨	潘重規著
⑥自由與權威	周陽山著
⑦勇往直前 ・傳播經營札記	石永貴著
⑧細微的一炷香	劉紹銘著
⑨文與情	琦　君著
⑩在我們的時代	周志文著
⑪中央社的故事（上） ・民國二十一年至六十一年	周培敬著
⑫中央社的故事（下） ・民國二十一年至六十一年	周培敬著
⑬梭羅與中國	陳長房著
⑭時代邊緣之聲	龔鵬程著
⑮紅學六十年	潘重規著
⑯解咒與立法	勞思光著
⑰對不起，借過一下	水　晶著
⑱解體分裂的年代	楊　渡著
⑲德國在那裏？（政治、經濟） ・聯邦德國四十年	郭恆鈺 許琳菲等著
⑳德國在那裏？（文化、統一） ・聯邦德國四十年	郭恆鈺 許琳菲等著
㉑浮生九四 ・雪林回憶錄	蘇雪林著
㉒海天集	莊信正著
㉓日本式心靈 ・文化與社會散論	李永熾著
㉔臺灣文學風貌	李瑞騰著
㉕干儛集	黃翰荻著

㉖作家與作品　謝冰瑩著

㉗冰瑩書信　謝冰瑩著

㉘冰瑩遊記　謝冰瑩著

㉙冰瑩憶往　謝冰瑩著

㉚冰瑩懷舊　謝冰瑩著

㉛與世界文壇對話　鄭樹森著

㉜捉狂下的興嘆　南方朔著

㉝猶記風吹水上鱗
・錢穆與現代中國學術　余英時著

㉞形象與言語
・西方現代藝術評論文集　李明明著

㉟紅學論集　潘重規著

㊱憂鬱與狂熱　孫瑋芒著

㊲黃昏過客　沙　究著

㊳帶詩蹺課去　徐望雲著

㊴走出銅像國　龔鵬程著

㊵伴我半世紀的那把琴　鄧昌國著

㊶深層思考與思考深層
・轉型期國際政治的觀察　劉必榮著

㊷瞬　間　周志文著

㊸兩岸迷宮遊戲　楊　渡著

㊹德國問題與歐洲秩序　彭滂沱著

㊺文學關懷　李瑞騰著

㊻未能忘情　劉紹銘著

㊼發展路上艱難多　孫　震著

㊽胡適叢論　周質平著

㊾水與水神
・中國的民俗與人文　王孝廉著

㊿由英雄的人到人的泯滅
・法國當代文學論集　金恆杰著

(51)重商主義的窘境　賴建誠著

(52)中國文化與現代變遷　余英時著

(53)橡溪雜拾　思　果著

(54)統一後的德國　郭恆鈺主編

(55)愛廬談文學　黃永武著

(56)南十字星座　呂大明著

(57)重疊的足跡　韓　秀著

(58)書鄉長短調　黃碧端著

(59)愛情・仇恨・政治
・漢姆雷特專論及其他　朱立民著

⑥⓪蝴蝶球傳奇 顏匯增著
・真實與虛構
⑥①文化啓示錄 南方朔著
⑥②日本這個國家 章陸著
⑥③在沉寂與鼎沸之間 黃碧端著
⑥④民主與兩岸動向 余英時著
⑥⑤靈魂的按摩 劉紹銘著
⑥⑥迎向眾聲 向陽著
・八〇年代臺灣文化情境觀察
⑥⑦蛻變中的臺灣經濟 于宗先著
⑥⑧從現代到當代 鄭樹森著
⑥⑨嚴肅的遊戲 楊錦郁著
・當代文藝訪談錄
⑦⓪甜鹹酸梅 向明著
⑦①楓香 黃國彬著
⑦②日本深層 齊濤著
⑦③美麗的負荷 封德屏著
⑦④現代文明的隱者 周陽山著
⑦⑤煙火與噴泉 白靈著
⑦⑥七十浮跡 項退結著
・生活體驗與思考
⑦⑦永恆的彩虹 小民著
⑦⑧情繫一環 梁錫華著
⑦⑨遠山一抹 思果著
⑧⓪尋找希望的星空 呂大明著
⑧①領養一株雲杉 黃文範著
⑧②浮世情懷 劉安諾著
⑧③天涯長青 趙淑俠著
⑧④文學札記 黃國彬著
⑧⑤訪草（第一卷） 陳冠學著
⑧⑥藍色的斷想 陳冠學著
・孤獨者隨想錄
⑧⑦追不回的永恆 彭歌著
A・B・C全卷
⑧⑧紫水晶戒指 小民著
⑧⑨心路的嬉逐 劉延湘著
⑨⓪情書外一章 韓秀著
⑨①情到深處 簡宛著
⑨②父女對話 陳冠學著

⑨③陳冲前傳

嚴歌苓 著

在好萊塢市場，多少人一夜成名直步青雲，又有多少人一朝雲中跌落從此絕跡銀海。身為一個中國人，陳冲是經過多少的奮鬥與波折，身為一個聰慧多感的女子，她又是經過多少的心路激盪，才能處於這洶湧波滔中。本書將為您娓娓道出陳冲的故事。

⑨④面壁笑人類

祖 慰 著

本書是有「怪味小說派」之稱的大陸作家祖慰，在巴黎面壁五年悟得的佳構。他的散文神遊八荒，情貫萬里，將理性的思惟和非理性的激情雜揉一起。讀其作品既能吸收大量的科普知識，又可汲取其飄逸文風的美感享受。

⑨⑤不老的詩心

夏鐵肩 著

夏先生一生從事文化工作，大半心力都用在鼓勵培植有潛能的青年人，助他們走上文學貢獻之路。而他本身亦創作出不少的長短佳文。本書收錄計有：詩詞小品、散文、方塊評論等。作者一顆不老的詩心，洋溢在篇篇佳構中。

⑨⑥雲霧之國

合山 究 著

使中國風土之特殊性獨具一格的，與其說是天地的廣大，不如說是因塵埃、雲煙等而為之朦朦朧朧的自然空間吧！精氣、神仙、老莊、龍、山水畫、奇書等，其產生是有如何玄妙的根源啊！就以「雲霧」為起點，讓我們一起走進這美麗幻夢般的世界。

⑰ 北京城不是一天造成的

喜樂 著

打從距今七百五十多年前開始，北京城走進歷史的繁華紛亂。現在，且輕輕走進史冊中尋常百姓的那頁，一盞清茶、幾盤小點，看純中國的插畫、尋純中國的足跡。由博學多聞的喜樂先生做嚮導，就讓你我在古意盎然中，細聆歲月的故事。

⑱ 兩城憶往

楊孔鑫 著

霧裡的倫敦、浪漫的巴黎，除此之外，這兩城你可還留有其他印象。本書是作者派駐歐洲新聞工作二十多年的記錄。透過作者敏銳的筆觸，且讓讀者倘徉在花都、霧城的政經社會、文化藝術、風土人情以及歷史背景中。

⑲ 詩情與俠骨

莊因 著

一顆明慧的善心與真摯的情感，經過俠骨詩情的鑄煉，將生活上的人情世事，轉化為最優美動人的文句，呈現出自然明朗灑脫的風格。文學對於作者而言，不僅是興趣，更是他的生命，但他不泥古而創新，在其文章中俯首可拾古典與現代的完美融合。

⑳ 文化脈動

張錯 著

「我是一個文化悲觀者，因為我個人一直堅持某種希臘式的古典禮範，而這種文學或文化古典禮範，已日漸有如夫子當年春秋戰國的禮崩樂壞。」作者就是以這顆悲憫的心，用詩人敏銳的筆觸，深刻而熱切的批判著臺灣的文化怪象。

⑩桑樹下

繆天華 著

本書是作者在斗室外桑樹蔭的綠窗下寫就的小品散文。作者試圖在記憶的深處，尋回那些感人甚深的、發人深省的，或者趣味濃郁的人文逸事，不惟激勵讀者高遠的志趣，亦能遠離消沈、絕望的深淵。

⑩牛頓來訪

石家興 著

本書為作者三十多年來從事科學工作的心情寫照，包括思想、報導、論述、親情、遊記等等。文中處處流露出作者對科學的執著與熱愛，及超越科學之外的人文情懷，篇篇清新雋永，理中含情，情中有理，為科學與文學的結合，作了一番完美的見證。

⑩深情回眸

鮑曉暉 著

作者生長在一個顛沛流離的時代，雖然歷經千辛萬苦，但行文於字裏行間，卻不見怨天尤人；有的只是對以往和艱苦環境奮鬥的懷念及對現今生活的珍惜，以及世間人事物的觀照及關懷。做為一本懷舊之作，或是清新的生活小品，本書皆為上乘之作。

⑩新詩補給站

渡也 著

你寫過新詩嗎？你知道如何寫一首具有詩味的新詩？本書是由甫獲得「創世紀四十周年創作獎」的詩人兼詩評論家渡也先生，深入而精闢的剖析一首新詩的形成過程，指導初學者從如何造簡單句到如何寫出一首詩，是一本值得新詩愛好者注意的書。

⑩⑤ 鳳凰遊

李元洛 著

一生從事古典與現代詩論研究的大陸學者李元洛先生，如何在放下嚴肅的評論之筆，轉而用詩人細膩的筆觸，摹寫山水大地的記行，以及人生轉蓬的寄悵，書中句句是箴語、處處有真情，值得您細品。

⑩⑥ 文學人語

高大鵬 著

忙碌的社會分散了人們的注意力、淡化了人們對身旁人事物的感情，任由冷漠充填在你我四周……而本書的作者以感性的筆觸，表達了自己對身旁人事物的真心關懷，以平實的文字與讀者分享所遇所感，無疑是給每個冷漠的心靈甘霖般的滋潤。

⑩⑦ 養狗政治學

鄭赤琰 著

身處地理、政治環境特殊的香港，作者藉由動物的百態來反諷社會上種種光怪陸離的政治現象，在其輕鬆幽默的筆調背後，同時亦蘊含了嚴肅的意義。這一則則的政治寓言，讀之不僅令人莞爾一笑，更具有發人深省的作用，批判中帶有著深切的期盼。

⑩⑧ 烟塵

姜穆 著

作者是一位出生於貴州的苗族人，卻意外的捲入戰爭。在臺娶妻生子後，所抒發對戰亂、種族及親人的真誠關懷。內容深沈、筆觸清新，充分顯露在生活的烈焰煎熬下，早已視一切如浮雲，淡泊名利，將其一生的激越昂揚盡付千里烟塵中。

⑩ 河宴

鍾怡雯 著

人間繁華的請柬處處，不如赴一場難得的野宴。聽一回水的演奏、看一場山的表演，再來細細品味鍾怡雯為您端出來的山野豐盛清淡的饗宴——極盡可口的綠、十分道地的藍，以及不加調味料的白。

⑩ 滬上春秋

章念馳 著

章太炎，這位中國近代史上的思想家、政治家，曾因領導戊戌變法失敗而流亡海外。他雖是浙江餘姚人，卻有大半輩子的歲月是在上海度過。本書是由章太炎的嫡孫章念馳先生，從家族的口述和史料中，完整的敘述章太炎的這段滬上春秋。

⑪ 愛廬談心事

黃永武 著

每個人心中都有一枝彩筆，然而在趕遠路、忙上班的歲月裏，枕頭上的日升月降中，像拋來擲去的跳丸，彩筆就這樣褪去了顏色……本書作者在辭去沈重的教職和繁雜的行政工作後，重拾心中的彩筆，為您宣說一篇篇的文學心事。

⑫ 吹不散的人影

高大鵬 著

時代替換的快速，不知替換了多少人生舞臺上出現剎那的面孔；而人類，偏又是最健忘的族群。本書中所收錄的文章，均是作者用客觀的筆，為曾替人類社會或文化默默辛勤耕耘的「園丁」們，做最真實的文字記錄。

⒀ 草鞋權貴

嚴歌苓 著

曾經叱吒風雲的老將軍，是程家大院的最高權威，九個承繼他刁鑽聰明的兒女，則個個心懷鬼胎……一個來自鄉下的伶俐女孩，被命運的安排，走入這權貴世家。威權的代溝、情份的激盪、所有內心的驕傲與傷痛，這會是怎樣的衝突，怎樣的一生？

⒁ 是我們改變了世界

張放 著

從事文學藝術的工作者是「人類靈魂的工程師」。如果作家不能提高廣大讀者的精神生活品質，而僅為娛樂人心、滿足人們的好奇和刺激，那麼與馬戲團的小丑或兜售春藥的小販何異？故而作者不禁要問：是我們改變了世界，還是世界改變了我和你？

⒂ 夢裡有隻小小船

夏小舟 著

日本人參加婚禮愛穿黑色、日本料理味輕單調、日本人性格分ＡＢＣＤ、還有情書居然可以賣……於日本教書的大陸作家夏小舟，在本書除了告訴你作者旅日的見聞趣事外，也且隨她乘坐那夢裡的小小船，航行向那魂縈夢遷的故國灣港中。

⒃ 狂歡與破碎

林幸謙 著

你可曾聽過溯河魚的傳統？憑著當初離開河源的記憶，激勵著牠們回到了河川盡頭的故鄉。寧願冒著生命的危險，也不願成為溫暖海洋中的異鄉客。

本書作者由溯河魚的傳統，引入海外華人的悲調，一種狂歡與失落、破碎而複雜的心靈面貌。

⑪⑦ 哲學思考漫步

劉述先 著

同樣的環遊世界旅行，企業家看到的是廣大的市場和商機；觀光客沈迷的是風景名勝和購物；文人墨客則歌詠人類史蹟與造物的奧祕。而哲學家呢？本書作者以其敏銳的邏輯思考，在具體的形象世界中悠遊漫步。期待您經由本書而拓寬自己的視野。

⑪⑧ 說 涼

水 晶 著

地鼠營巢於地下，專喜啃嚙花草植物的根莖。而玫瑰是酷愛陽光的美人，有潔癖，不能忍受穢物……。本書作者從事寫作近四十年來，筆墨蘸盡世間人情冷暖，猶然孜孜不倦的寫作。揮灑於字裡行間的，是一種識盡愁滋味後卻道天涼好個秋的豁達心境。

⑪⑨ 紅樓鐘聲

王熙元 著

文學博士王熙元教授，多年來一直不能忘情於散文的寫作。他的散文清新而感性，談生活點滴，筆端真情流露；論人生哲理，則深入淺出，發人深省。此外剖析文學之美，或回憶個人成長、求學的心路歷程，亦多令人有所啓發，值得一讀。

⑫⓪ 寒冬聽天方夜譚

保 真 著

本書為「青副」專欄「靜夜鐘聲」的結集。作者將其對生命與同胞的熱愛、執著，用感慨深邃的筆調，表現於一篇篇的短文中，告訴我們現今的臺灣與中國，需要我們付出什麼樣的關懷。在這些簡短的文字中，希望也能燃起我們一絲對民族的熱情。

⑫1 儒林新誌

周質平 著

本書是旅美普林斯頓大學周質平教授，將其多年在國內外的華文報章上所發表的四十多篇論述雜文結集成冊。書中呈顯出所謂海外學人的千般樣態，嘲諷中不失幽默，值得您細心體會。

⑫2 流水無歸程

白樺 著

大陸知名作家白樺繼《哀莫大於心未死》之後又一本長篇小說。他的書取材是當代的，是改革開放後大陸所面臨的經濟文化與人慾的衝擊。書中的人物如高幹、富商、少女、情婦、歌星等，在金錢的誘惑下，一一呈顯出深沈黑暗而扭曲的人性面。

⑫3 偷窺天國

劉紹銘 著

善人走完了人生路途上天國，會幸福到什麼程度？天國的幸福，會不會只是塵世快樂的延續？在本書作者引領之下偷窺天國的結果，是否會發覺天國的無趣？永恆實在可怕，幸福和快樂如果遙遙無盡期，一樣會變為無聊、乏味。天國，是否就在當下。

⑫4 倒淌河

嚴歌苓 著

屢獲各大報文學首獎的嚴歌苓，繼《陳冲前傳》、《草鞋權貴》後又一本小說新著。內容包括十個短篇及一部中篇〈倒淌河〉。全書無論在寫景、敘事或對話，都極老練辛辣，辣得幾乎教人流出淚來。

⑫⑤ 尋覓畫家步履

陳其茂 著

出國旅行，是許多人心神嚮往的事。而世界各著名的美術、博物館，更是文人雅士們流連佇足之所。與其走馬看花、對大師們的作品僅留浮光掠影，淺嘗輒止；不如隨著畫家陳其茂教授的引領，在其敏銳且情感深致的筆觸下，一起尋覓畫家們的步履。

⑫⑥ 古典與現實之間

杜正勝 著

在古典與現實之間，一幕幕動人心弦的故事正激盪著你我的心。古典的真貌在不斷的探索中漸漸澄澈而透明。而現實的我們且懷著古典的情愫，在史學家杜正勝院士古典新詮的筆下，淺嘗歷史的滋味。

⑫⑦ 釣魚臺畔過客

彭歌 著

北京釣魚臺之盛名，並非全因這片神祕的迎賓貴地，而是在於它的歷史背景。是緣的牽引，將離去故都半世紀的作者引入這神祕的釣魚臺賓館……本書作者以纖細的筆觸，將自己多年飄泊生涯中的聞見感想，一幕幕真實清晰地展現在您眼前。

⑫⑧ 古典到現代

張健 著

涵泳於中國文學數十寒暑而樂此不疲的張健教授，在本書中除用粗筆勾勒歷代文學抽象的思潮外，更以細筆描述陶淵明、杜甫、孟浩然、王國維、魯迅、張愛玲……等文學家具象的風格與作品。篇篇都以作家的詩文為其依據，引領讀者一覽文學之美。

⑫⑨ 帶鞍的鹿

虹影 著

由一幅帶鞍的鹿畫中，牽引出一樁奇異的命案，主角和死者有著什麼樣的糾葛？帶鞍的鹿畫中又暗示了什麼樣的命運？

作者以其深沈的筆調，藉著本書各篇小說，帶領讀者走向人類心靈的深處，去探索深藏於內心的桎梏。

⑬⑩ 人文之旅

葉海煙 著

本書作者以「人鏡」自任，用經世的情、關懷的筆，鏡映出人文百態。全書集結作者對自我、社會和文化等面相的諸多觀察及反思。一字一句，皆為知識分子的圓融智慧與淑世熱忱；一言一語，盡是紛乘社會的暮鼓晨鐘。

⑬① 生肖與童年

小民 著
喜樂 圖

十二生肖在每個農曆新年來臨時，都為年節的歡樂帶來一股高潮。這些可愛的動物們，為童年的生活增添了無限的趣味。本書紀錄了作者對於十二生肖的情感，和童年難忘的美好時光。加上喜樂先生細膩的插畫，讓生肖與童年的故事，一一鮮活起來。

⑬② 京都一年

林文月 著

京都是一個新舊互容的都市，有著高樓矗立及寬敞的街道，又存有古典風味的低矮木屋與不平的石板路。作者在京都的一年中，品味著這古都對文化保存、人情往來及文藝活動的諸般樣態，藉由她的生花妙筆，使讀者沈湎於京都典雅、優閒的情調。

⑬③ 山水與古典　林文月 著

山水景致，勾起了幾許文人的多愁善感；而古典文學，又蘊含著多少古人的人生情懷。本書探討古典作品和詩人之間的關係。筆調輕鬆而不輕浮；題材古典卻不枯燥。且邀您一同進入詩人的筆墨之間，翱遊在山水作品的世界裡。

⑬④ 冬天黃昏的風笛　呂大明 著

旅居法國的作家呂大明女士，以其一貫典雅柔美的風格和精緻細膩的筆觸，表達出她對生活、自然的樂觀態度。她如詩般的作品，仿如一幅幅精美瑰麗的圖畫，靜靜地訴說著對美好人生理想的浪漫情愫。

⑬⑤ 心靈的花朵　戚宜君 著

本書作者一生從事文化傳播的工作，積累數十年的工作經驗及閱讀習慣，創作出一篇篇詞美意深的勵志散文。除了用以傳達理性的知識和感性的情懷外，並深切期望本書能敲開你的心扉、溫暖你的心靈，進而耕耘你的心田，綻放出美麗的心靈花朵。

⑬⑥ 親　戚　韓　秀 著

人間真情不分種族國界；世間溫暖存在每一角落。在有風有雨的日子裡，亦或在恬淡如鏡的歲月中，是否有如詩般美麗的故事令人難以忘懷？是否忘了去感激那些曾經陪著你、關懷你的人呢？靜下思慮，就讓韓秀的慈心慧語洗滌你久未感動的心。

國立中央圖書館出版品預行編目資料

尋覓畫家步履／陳其茂著.--初版.--
臺北市：三民，民85
面；　公分（三民叢刊；125）
ISBN 957-14-2372-6（平裝）

1.歐洲—描述與遊記

740.9　　84014108

著作人　陳其茂
發行人　劉振强
著作財產權人　三民書局股份有限公司
臺北市復興北路三八六號
發行所　三民書局股份有限公司
地　址／臺北市復興北路三八六號
郵　撥／〇〇〇九九九八一五號
印刷所　三民書局股份有限公司
門市部　復北店／臺北市復興北路三八六號
重南店／臺北市重慶南路一段六十一號
初　版　中華民國八十五年二月
編　號　S 85325
基本定價　肆元貳角
行政院新聞局登記證局版臺業字第〇二〇〇號

ISBN 957-14-2372-6（平裝）